Hrsg. von Mariella Leydolt

Johannes Paul II.

Nennt mich einfach Karol

Gedanken und Anekdoten
aus seinem Leben

tosa

Alle Rechte vorbehalten
Zusammengestellt von Mariella Leydolt
Covergestaltung von Joseph Koó
Innenillustrationen von Joseph Koó
Copyright © 2005 by Tosa Verlagsgesellschaft m.b.H., Wien
Druck: Druckerei Theiss GmbH, St. Stefan im Lavanttal

www.tosa-verlag.com

Inhaltsverzeichnis

Vorwort

Nicht zu Unrecht wurde Johannes Paul II. auch der „Jahrtausend-Papst" genannt. Mehr als 25 Jahre lang war er der Pontifex maximus der katholischen Kirche (sein Pontifikat war das längste des 20. Jahrhunderts), er war der erste Nicht-Italiener in der Nachfolge des Petrus seit über 450 Jahren und der erste Slawe, der dieses außergewöhnliche Amt innehatte.

Auch war der aus Polen gebürtige Karol Wojtyla ein Papst der Rekorde. Kein anderer Kirchenführer vor ihm hat derart viele Auslandsreisen unternommen wie dieser. 104 Pastoralreisen führten ihn rund um die Welt: von Mexiko, den USA und Europa bis hin zu den Philippinen – um nur einige Destinationen zu nennen – kümmerte er sich vorort um die Gläubigen „seiner" Kirche. Den traditionellen Ostersegen „Urbi et orbi" erteilte der weltgewandte Papst in 62 Sprachen.

Seine große Mission war die Verständigung der Kulturen, das friedliche Miteinander der Religionen, die konsequente Wahrung der Menschenrechte.

Auf der ganzen Welt verkündete er die Botschaft Christi, dass jeder einzelne Mensch gleich wertvoll sei – egal wie alt, jung, arm, reich, krank, gesund. Oft genug prangerte er die leistungsorientierte, kapitalistische Wirtschaftswelt an, in der unzählige Menschen das Nachsehen haben.

Vielen Neoliberalen und Konservativen (selbst innerhalb der Kirche) war Johannes Paul zu links, vielen Linken jedoch galt er als zu konservativ. Ihnen missfiel vor allem seine Einstellung zu traditionellen Kirchenfragen, wie die Rolle der Frau bzw. deren Zulassung als Priesterinnen, seine Denkweise in Zölibatsfragen sowie seine vehemente Ablehnung der Abtreibung.

Doch selbst Kritiker müssen anerkennen, dass Karol Wojtyla alias Johannes Paul II. eine der größten Persönlichkeiten des 20. und 21. Jahrhunderts war, eine zutiefst charismatische Erscheinung, die in Glaubensfragen stets standhaft blieb.

Wiederholt wies er auf die wichtige Funktion der Kirche als moralische Instanz hin, die sich nicht alle paar Jahre neuen Trends unterwerfen könne. Vorbildhaft wirkte Johannes Paul vor allem auch auf politischem Terrain. Er, der sich selbst einmal als „unpolitischen Menschen" bezeichnet hatte, leistete einen maßgeblichen Beitrag am Zusammenbruch der kommunistischen Regimes in Ost- und Mitteleuropa, den Irak-Krieg verurteilte er mehrmals und unüberhörbar. Immer blieb er konsequent und vor allem glaubhaft in seiner Überzeugung – wie auch immer man der einen oder anderen gegenüberstehen mag.

Dieses ist kein kritisches Buch.
Vielmehr soll sich jeder Interessierte anhand Johannes Pauls Texten, Reden und Zitate sowie anhand der

Erinnerungen von Zeitzeugen und heiteren Anekdoten selbst ein Bild von diesem außergewöhnlichen Menschen machen können, der in seiner christlichen Überzeugung stets eines sein wollte: menschlich im Zeichen des Friedens und der Liebe.

Von ihm

Krieg und Frieden

Nie wieder Krieg, dieses ausweglose Abenteuer!
Nie wieder Krieg, diese Spirale von Trauer und
Gewalt; nicht dieser Krieg im Persischen Golf!

(16. 1. 1991, Beginn des Golfkrieges)

Ich habe das nicht verursacht. Der Baum war schon
in seinem Innern verfault. Ich habe ihn nur noch
ordentlich geschüttelt, und dabei sind die verfaulten
Äpfel heruntergefallen.

*(Der Papst zu seiner Rolle bei der Überwindung des
Kommunismus)*

Schluss mit dem Stacheldraht, es gibt schon zu viele
derartige Zäune in der Welt!

*(Zur Polizei einer Schweizer Stadt, die aus Angst vor
einem weiteren Attentat auf den Papst Sicherheitsvor-
kehrungen treffen wollte.)*

Sich auf einen echten Dialog einlassen, der seine
Wurzeln in aufrichtiger Liebe zur Wahrheit und in

Offenheit gegenüber allen Gliedern der Menschheitsfamilie hat, das bleibt der erste und unerlässliche Weg
zur Versöhnung und dem Frieden, deren die Welt
bedarf.

*(Arbeitstagung des Internationalen Katholisch-Jüdi-
schen Verbindungskomitees am 26. 3. 1998)*

Demütigend ist der Bruch der Einheit; demütigend ist
die Spaltung. Möge bald der Tag kommen, an dem
wir alle, die an Christus glauben, untereinander
versöhnt voll Freude den Herrn anrufen. Irrsinn ist die
Spaltung, die sich bedauerlicherweise in der Kirchengeschichte ereignet hat. Die neue, verstärkte Sorge
um die Einheit, die die Herzen aller Christen bewegt,
ist gewiss als eine besondere Gnade des Heiligen
Geistes in unseren Tagen zu betrachten.

(25. 1. 1989)

Es ist unsere Pflicht, mit unseren Zeitgenossen in der
Geschichte Seite an Seite zu leben und ihre Ängste
und Hoffnungen mit ihnen zu teilen ...
Ein Christ flüchtet sich nicht in eine andere Dimen-
sion, in der er die dramatischen Geschehnisse unserer
Zeit nicht beachtet und Augen und Herz vor den
Ängsten des Lebens verschließt ...

Er ist bereit, dem Bruder beizustehen, eine Träne zu trocknen und seine Bitte um Hilfe zu erfüllen. Danach werden wir gerichtet werden.

(Weltjugendtag 2000 in Rom)

Ich gehöre der Generation an, die den Zweiten Weltkrieg erlebt und überlebt hat, und habe daher die Pflicht, allen jungen Menschen, all jenen, die jünger sind als ich und diese Erfahrung nicht gemacht haben, zu sagen: Nie wieder Krieg!

Die Menschenrechte sind das Fundament jeder Zivilisation: Diese Überzeugung habe ich aus Polen mitgenommen, von den Auseinandersetzungen mit dem sowjetischen System und dem kommunistischen Totalitarismus.

(21. 1. 1998, auf dem Flug nach Havanna)

Heute stehen wir vor den Ruinen eines der vielen Türme von Babel in der Geschichte der Menschheit ... Der Anspruch, eine Welt ohne Gott zu errichten, hat sich als illusorisch erwiesen.

(21. 4. 1990, zum Untergang des Kommunismus, Prag)

Die Spirale des Hasses und der Gewalt darf nicht weitergehen.

(12. 9. 2001, nach den Anschlägen in New York)

Entweder die gehen – oder ich.

(Papst Johannes Paul II. über das dichte Polizeiaufgebot bei seinem Brasilien-Besuch)

Krieg ist niemals ein unabwendbares Schicksal. Krieg bedeutet immer eine Niederlage für die Menschheit.

Ich bin nach Yad Vaschem gekommen, um der Millionen zu gedenken, denen alles geraubt wurde, vor allem ihre menschliche Würde, und die im Holocaust ermordet wurden.

(23. 3. 2000, Jerusalem)

Es ist wichtig, dass ihr alle leidenschaftlich nach der Wahrheit sucht und zu ihren unerschrockenen Zeugen werdet.
Ihr dürft euch nie mit Lüge, Falschheit oder Kompromissen abfinden! Setzt euch heftig gegen die Leute

zur Wehr, die euer Herz mit Aussagen und Vorschlägen umgarnen wollen, die euch hörig machen gegenüber Konsumdenken, zügellosem Sex und Gewalt.
Sie drängen euch in die Leere der Einsamkeit und führen euch in das Labyrinth einer Kultur des Todes.

(Karfreitag 2005)

Friede und Wohlergehen sind Güter, die dem ganzen Menschengeschlecht gehören.
Es ist nicht möglich, sie zu Recht und auf Dauer zu genießen, wenn sie zum Schaden anderer Völker und Nationen gewonnen und bewahrt werden, indem sie ihre Rechte verletzen oder sie von den Quellen des Wohlstandes ausschließen.

(1. 5. 1991, Enzyklika Centesimus Annus)

Der Friede, liebe Brüder und Schwestern, ist das dringende Hauptanliegen unserer Tage.
Mehr denn je ist eine gemeinsame Anstrengung guten Willens erforderlich, um dem Wahn der Waffen Einhalt zu gebieten.
Der Friede beschränkt sich jedoch nicht auf das Schweigen der Kanonen. Er besteht wesentlich in Gerechtigkeit und Freiheit.
Er bedarf einer Atmosphäre des Geistes, die reich ist

an einigen grundlegenden Elementen wie dem Sinn für Gott, der Freude am Schönen, der Liebe zur Wahrheit, der Entscheidung zur Solidarität, der Fähigkeit zur Zärtlichkeit, dem Mut zum Verzeihen.

(27. 8. 1995, Angelus in Castel Gandolfo)

Die tiefste Ursache aller Zwietracht in der Welt ist die Abkehr des Menschen von Gott.
Wer mit Gott nicht in Frieden lebt, der kann nur schwerlich mit seinen Mitmenschen in Frieden leben.

(April/Mai 1987, Pastoralbesuch in Deutschland)

Ein irrsinniger Rüstungswettlauf verschlingt die Mittel, die nötig wären, um eine Entwicklung der eigenen Wirtschaft zu sichern und den am meisten benachteiligten Nationen zu helfen.
Der wissenschaftliche und technologische Fortschritt, der zum Wohlergehen des Menschen beitragen sollte, wird zum Instrument für den Krieg.

(1. 5. 1991, Enzyklika Centesimus Annus)

Eine der bittersten Folgen der Kriege und der wirtschaftlichen Schwierigkeiten ist das traurige Phänomen der Flüchtlinge und Vertriebenen, eine Erscheinung, die tragische Dimensionen erreicht hat.

Die ideale Lösung besteht in der Wiederherstellung eines gerechten Friedens, in der Versöhnung und in der wirtschaftlichen Entwicklung. Es ist daher dringend notwendig, dass die nationalen, regionalen und internationalen Organisationen die Probleme der Flüchtlinge und Vertriebenen auf gerechte und dauerhafte Weise lösen.

(14. 9. 1995, Nachsynodales Apostolisches Schreiben Ecclesia in Afrika)

Man kann den Menschen nicht von Gott trennen, ohne den Menschen zu schmälern.

Wer sich von Gott entfernt, läuft Gefahr, den Grund zur Achtung seines eigenen und des Lebens der anderen zu verlieren.

Gott will den Menschen nicht unterdrücken; er ist sein Freund, er garantiert seine Größe und seine Freiheit, er steht den Armen und Schwachen bei.

(15. 5. 1985, Rede in Luxemburg)

Die Frucht der Solidarität ist der Friede, ein so kostbares Gut für die Völker und die Nationen in allen Teilen der Welt.

In der Tat, gerade durch die Mittel, die die Solidarität zu fördern und zu stärken vermögen, kann die Kirche einen spezifischen und entscheidenden Beitrag zu einer wahren Kultur des Friedens leisten.

Indem die Kirche ohne Diskriminierung in Verbindung mit den Völkern der Welt tritt, bringt sie im Dialog mit den verschiedenen Kulturen diese einander näher und hilft jedem von ihnen, die echten Werte der anderen im Glauben anzunehmen.

(14. 9. 1995, Nachsynodales Apostolisches Schreiben Ecclesia in Afrika)

Die Gerechtigkeit geht mit dem Frieden Hand in Hand und steht mit ihm in konstanter und dynamischer Beziehung. Gerechtigkeit und Frieden haben das Wohl des Einzelnen und aller zum Ziel und erfordern deshalb Ordnung und Wahrheit.

Wenn der eine bedroht ist, wanken beide; verletzt man die Gerechtigkeit, setzt man den Frieden aufs Spiel.

(8. 12. 1997, Zur Feier des Weltfriedentages am 1. 1. 1998)

Man muss den Mut haben, in eine Richtung zu gehen, in die bisher noch niemand gegangen ist.

Ohne diesen Mut können Völker und Systeme in

diesen Zeiten weder einander näher kommen, noch kann man den Frieden herstellen.

Der Mensch ist keine „Sache" und kein „Objekt", das benutzt werden kann, sondern immer und allein „Subjekt", dem Gewissen und Freiheit zu Eigen ist, der dazu berufen ist, in der Gesellschaft und in der Geschichte verantwortlich zu leben und sich nach den geistigen und religiösen Werten auszurichten.

(30. 12. 1988, Nachsynodales Apostolisches Schreiben Christifideles Laici)

Die Erfahrung hat den traurigen Beweis erbracht, dass der Mensch, welcher allein der Macht des Menschen ausgeliefert und in seiner religiösen Sehnsucht verstümmelt ist, sehr schnell zu einer Nummer oder einem bloßen Objekt wird.

(27. 8. 1989, Apostolisches Schreiben zum 50. Jahrestag des Beginns des Zweiten Weltkrieges)

Ethnische und kulturelle Unterschiede sollten nie als Rechtfertigung für Feindseligkeiten gelten.
Vielmehr können diese Unterschiede, wie die verschiedenen Stimmen eines Chors, in harmonischer

Eintracht existieren, vorausgesetzt, es besteht wirklich der Wunsch, einander zu achten. Aber Religion kann missbraucht werden, und es ist sicherlich Pflicht der religiösen Führungskräfte, sie davor in Schutz zu nehmen.

Vor allem immer dann, wenn im Namen von Religion Gewalt angewendet wird, müssen wir jedermann klar machen, dass es sich in diesen Fällen nicht um wahre Religion handelt.

Denn der Allmächtige kann nie die Zerstörung des eigenen Bildes in seinen Kindern zulassen.

(22. 3. 1998, Treffen mit Muslimführern in Abuja)

Es gibt keinen Frieden, wenn nicht die Rechte aller Völker – und insbesondere der verwundbarsten – respektiert werden! Das gesamte Gebäude des internationalen Rechtes ruht auf dem Grundsatz der gleichen Achtung für die Staaten, des Rechtes auf Selbstbestimmung eines jeden Volkes und der freiwilligen Zusammenarbeit der Völker für das höhere Gemeinwohl der Menschheit.

(27. 8. 1989, Apostolisches Schreiben zum 50. Jahrestag des Beginns des Zweiten Weltkrieges)

Die Suche nach Frieden und Harmonie soll auch

innerhalb der Kirche stattfinden, wo Differenzen nicht Anlass zu Konflikten und Spannungen geben, sondern Quelle der Kraft und der Einheit in berechtigter Vielfalt sein sollen.

(12. 9. 1997, Ad-limina-Besuch der Bischöfe von Äthiopien und Eritrea)

Wir wissen es inzwischen aus Erfahrung, dass die willkürliche Teilung von Nationen, die zwangsweise Umsiedlung von Volksgruppen, die unbegrenzte Wiederaufrüstung, der unkontrollierte Gebrauch hochtechnisierter Waffen, die Verletzung der Grundrechte der Personen und Völker, die Nichtbeachtung der internationalen Verhaltensregeln sowie die Auferlegung von totalitären Ideologien nur zum Ruin der Menschheit führen können.

(27. 8. 1989, Apostolisches Schreiben zum 50. Jahrestag des Beginns des Zweiten Weltkrieges)

Es besteht die Gefahr, dass das Gebot unseres christlichen Glaubens, Fremde aufzunehmen und Gastfreundschaft zu gewähren, bei überzogenen Asylvorstellungen nicht mehr eingehalten werden kann.
Die Kirche muss vielmehr in allen Teilen der Welt

Gerechtigkeit und Frieden fordern, Voraussetzungen, die helfen, das Asylproblem zu lösen.

(19. 12. 1997, Ansprache an die Bischöfe aus Südwest-deutschland)

Kinder und Jugendliche

Annahme, Liebe, Wertschätzung, vielfältige und gemeinsame – materielle, affektive, erzieherische, spirituelle – Hilfen für jedes Kind, das in diese Welt kommt, müssen immer ein unverzichtbares Kennzeichen der Christen sein, im Besonderen der christlichen Familien.

(22. 11. 1981, Apostolisches Schreiben Familiaris consortio)

Die Kirche hat der Jugend viel zu sagen, und die Jugend hat der Kirche viel zu sagen. Dieser gegenseitige Dialog muss offenherzig, klar und mutig sein. Er fördert die Begegnung und den Austausch zwischen den Generationen und wird für Kirche und Gesellschaft Quelle des Reichtums und des Jungseins.

Das Kind kommt und beansprucht Platz, während es auf der Welt immer weniger Platz zu geben scheint. Aber stimmt es wirklich, dass das Kind der Familie und der Gesellschaft nichts bringt? Ist es etwa nicht ein Teil jenes gemeinsamen Gutes, ohne das die menschlichen Gemeinschaften zerbrechen und

Gefahr laufen zu sterben? Wie könnte man das leugnen?

Das Kind wird von sich aus zu einem Geschenk für die Geschwister, für die Eltern, für die ganze Familie. Sein Leben wird zum Geschenk für die Geber des Lebens, die nicht umhin können werden, die Anwesenheit des Kindes, seine Teilnahme an ihrer Existenz, seinen Beitrag zu ihrem und zum gemeinsamen Wohl der Familiengeschichte wahrzunehmen.

(2. 2. 1994, Brief an die Familien)

Die Kirche muss auch unermüdlich daran erinnern, dass jede Person beschützt werden muss, und besonders die Kinder, die schwach und wehrlos sind und deshalb oft zur Zielscheibe perverser Erwachsener werden, die die jungen Menschen tief und dauerhaft verletzen, nur um ihren Trieben freien Lauf zu lassen.

(7. 11. 1997, Ad-limina-Besuch der Bischöfe von Belgien)

Wenn die Menschen, gerade die Jugend, ungestüm nach dem Sinn des Lebens fragen: Gebt ihnen eine überzeugende, verständliche Antwort!

Wenn das Recht auf Leben, wenn die ethischen Grundsätze wahrhaft humaner Kultur bedroht sind:

Schützt ihr das Recht und die Würde des Menschen! Wenn in Bildung und Erziehung ein bloß funktionalistisches, sinnentleertes Menschenbild um sich greift: Tretet ein für eine Bildung, die ausgeht vom Menschen als Bild Gottes!

Wenn Konsum und Genuss einerseits, Angst vor der Grenze des Wachstums andererseits die Stimmung in der Gesellschaft prägen: Entwickelt ihr einen neuen Lebensstil und menschliche Lebensbedingungen, die von der Hoffnung zeugen, die Christus uns schenkt!

Wenn bei allem Fortschritt der Menschheit auch die Gruppe jener wächst, die in Randsituationen leben oder nicht voll teilhaben an den Früchten der allgemeinen Entwicklung: Tretet ihr ein für das Recht und das Glück aller, seid ihr Vorkämpfer für eine weltumspannende soziale Ordnung, für Freiheit, Gerechtigkeit, Friede!

(18. 11. 1980, Predigt auf dem Domplatz in Fulda)

Eine Gesellschaft, die sich nicht um die Kinder kümmert, ist unmenschlich und verantwortungslos.

Familien, die die eigenen Kinder nicht umfassend erziehen, gar sich selbst überlassen, begehen schweres Unrecht, für das sie vor dem Richterstuhl Gottes werden Rechenschaft ablegen müssen. Nehmt eure Kinder in verantwortlicher Liebe an; beschützt sie als

Geschenk Gottes, und zwar vom Zeitpunkt der Empfängnis an, in dem das Menschenleben im Mutter-
schoß entsteht. Das abscheuliche Verbrechen der
Abtreibung, diese Schande der Menschheit, darf das
ungeborene Leben nicht zur ungerechtesten aller
Hinrichtungen verdammen: die der unschuldigsten
aller Menschen!

*(4. 10. 1997, Zweites Welttreffen der Familien in Rio de
Janeiro)*

Liebe Kinder, während ich an euch schreibe, denke
ich an die Zeit vor vielen Jahren, als ich selbst ein
Kind war wie ihr ...

Ein Mensch kann nicht ohne Liebe leben!
Gott liebt euch, liebe Kinder!

(13. 12. 1994, Brief an die Kinder)

Jesus liebte die Kinder und er bevorzugte sie.
Was haben sich die Kinder zu Schulden kommen
lassen, dass sie so viel Leid erfahren müssen?

(22. 4. 2004, Botschaft zur Fastenzeit)

Du bist ein Gedanke Gottes, du bist ein Herzschlag Gottes.
Das zu sagen bedeutet, dass du einen unendlichen Wert hast und dass du für Gott in deiner unwiederholbaren Individualität so viel bedeutest.

(23. 9. 2001, Rede an Jugendliche in Astana)

Auch ich gehöre zu denen, die gerne wieder jung sein möchten.

(6. 4. 1996 in Rom)

Ich habe nach euch gesucht. Jetzt seid ihr zu mir gekommen. Und ich danke euch!

(31. 3. 2005, Botschaft des sterbenden Papstes an die Jugendlichen auf dem Petersplatz)

Liebe Freunde:
Heute seid ihr Kinder und Jugendliche, aber morgen werdet ihr die erste Generation erwachsener Christen im dritten Jahrtausend sein.
Das ist eine große Verantwortung.

(2000, Jubiläumsfeier der Kinder)

Nennt mich einfach Karol!

(14. 1. 1995, zu jugendlichen Gläubigen, Manila)

Wenn du mit der Jugend lebst, wirst zu selber jung.

(2000, polnisches Sprichwort anlässlich der Schluss-veranstaltung des Weltjugendtages)

Die Rolle der Frau

Es ist dringend geboten, überall die tatsächliche Gleichheit der Rechte der menschlichen Person zu erreichen, und das heißt gleichen Lohn für gleiche Arbeit, Schutz der berufstätigen Mutter, gerechtes Vorankommen in der Berufslaufbahn, Gleichheit der Eheleute im Familienrecht und die Anerkennung von allem, was mit den Rechten und Pflichten des Staatsbürgers in einer Demokratie zusammenhängt.

(29. 6. 1995, Brief an die Frauen)

Wie viele Frauen wurden und werden noch immer mehr nach dem physischen Aussehen bewertet als nach ihrer Sachkenntnis, ihrer beruflichen Leistung, nach den Werken ihrer Intelligenz, nach dem Reichtum ihrer Sensibilität und schließlich nach der ihrem Sein und Wesen eigenen Würde.

(29. 6. 1995, Brief an die Frauen)

Die wahre Förderung der Frau besteht darin, sie in dem zu fördern, was ihr angemessen ist und ihr als Frau entspricht, d. h. als Geschöpf, das vom Mann verschieden ist, berufen, selbst und nicht weniger als

der Mann Urbild menschlicher Personhaftigkeit zu sein.
Das ist die Emanzipation, die den Weisungen und Anordnungen Jesu entspricht, der der Frau eine ihr angemessene Sendung übertragen wollte, die ihrer natürlichen Verschiedenheit gegenüber dem Mann entspricht.

(27. 7. 1994, Generalaudienz)

In jüngerer Zeit versuchten einige Strömungen der Frauenbewegung – in der Absicht, die Emanzipation der Frau zu fördern –, sie in allem dem Mann anzugleichen. Aber die in der Schöpfung bekundete göttliche Absicht will zwar die Frau in Würde und Wert dem Mann gleichstellen, weist aber zugleich ganz klar ihre Verschiedenheit und Besonderheit auf.
Die Identität der Frau kann nicht darin bestehen, eine Kopie des Mannes zu sein, denn sie ist mit eigenen Fähigkeiten und Vorzügen ausgestattet, die ihr eine selbstständige Eigenart verleihen, die ständig zu fördern und aufzubauen ist.

(6. 12. 1995, Generalaudienz)

Die wahre Aufwertung der Frau erfordert eine Arbeitsordnung, die so strukturiert ist, dass sie diese

Aufwertung nicht mit dem Aufgeben ihrer Eigenheit bezahlen muss und zum Schaden der Familie, wo ihr als Mutter eine unersetzliche Rolle zukommt.

(14. 9. 1981, Enzyklika Laborem exercens)

Es ist beunruhigend festzustellen, dass in unserer heutigen Welt die simple Tatsache, eine Frau – und nicht ein Mann – zu sein, die Aussicht einschränkt, überhaupt geboren zu werden oder die Kindheit zu überleben.
Ebenso kann diese Tatsache unzulängliche Ernährung und Gesundheitsfürsorge bedeuten.
Es besteht in stärkerem Maße die Möglichkeit des Analphabetentums, und oft haben Frauen nur geringen oder gar keinen Zugang selbst zur einfachen Grundschulausbildung.
Das Engagement für die Betreuung und Ausbildung von Mädchen – als gleichwertiges Recht – ist von grundlegender Bedeutung für die Förderung der Frau.

(29. 8. 1995, Ansprache an die Delegation des Hl. Stuhls bei der 4. Weltfrauenkonferenz, Peking)

Im Licht Marias erblickt die Kirche auf dem Antlitz der Frau den Glanz einer Schönheit, die die höchsten Gefühle widerspiegelt, deren das menschliche Herz fähig ist: die vorbehaltlose Hingabe der Liebe; eine

Kraft, die größte Schmerzen zu ertragen vermag; grenzenlose Treue und unermüdlicher Einsatz; die Fähigkeit, tiefe Einsichten mit Worten des Trostes und der Ermutigung zu verbinden.

(25. 3. 1987, Enzyklika Redemptoris Mater)

Die eheliche Vereinigung verlangt die Achtung und die Vervollkommnung des echten personalen Subjektseins beider.
Die Frau darf nicht zum „Objekt" männlicher „Herrschaft" und männlichen „Besitzes" werden.

(15. 8. 1988, Apostolisches Schreiben Mulieris dignitatem)

Und was ist von den Hindernissen zu sagen, die in vielen Teilen der Welt die Frauen noch an der vollen Integration in das gesellschaftliche, politische und wirtschaftliche Leben hindern?
Diesbezüglich möchte ich mit dem Hinweis auf den fünfzigsten Jahrestag der Erklärung der Menschenrechte, der in diesem Jahr begangen wird, öffentlich einen Appell zu Gunsten der Frauen vorbringen, denen heute noch Grundrechte von den politischen Regimen ihrer Länder verweigert werden: von der Umwelt ausgegrenzte Frauen, denen es verboten ist

zu studieren, einen Beruf auszuüben, ja selbst ihre Gedanken öffentlich zu bekunden.

(8. 3. 1998, Angelus)

Die Männer neigen mehr zur Aktivität nach außen und brauchen die Hilfe der Frauen, um zu personalen Beziehungen zu gelangen und in der Eintracht der Herzen Fortschritte zu machen.

(6. 9. 1995, Generalaudienz)

Zweifellos rechtfertigen die gleiche Würde und Verantwortlichkeit von Mann und Frau voll den Zugang der Frau zu öffentlichen Aufgaben.
Andererseits verlangt die wirkliche Förderung der Frau auch, dass der Wert ihrer mütterlichen und familiären Aufgabe im Vergleich mit allen öffentlichen Aufgaben und allen anderen Berufen klare Anerkennung findet.
Übrigens müssen solche Aufgaben und Berufe sich gegenseitig integrieren, soll die gesellschaftliche und kulturelle Entwicklung wahrhaft und voll menschlich sein.

(22. 11. 1981, Apostolisches Schreiben Familiaris consortio)

Damit jeder Zweifel bezüglich der bedeutenden Angelegenheit, die die göttliche Verfassung der Kirche selbst betrifft, beseitigt wird, erkläre ich kraft meines Amtes, die Brüder zu stärken, dass die Kirche keinerlei Vollmacht hat, Frauen die Priesterweihe zu spenden, und dass sich alle Gläubigen der Kirche endgültig an diese Entscheidung zu halten haben.

(22. 5. 1994, Apostolisches Schreiben über die nur Männern vorbehaltene Priesterweihe)

Eine lange Tradition hat in der Politik vor allem den Einsatz von Männern gekannt.
Heute fassen dort die Frauen in immer größerer Zahl Fuß – auch in den höchsten nationalen und internationalen repräsentativen Rängen.
Dieser Prozess ist zu fördern. Denn die Politik, die ja das Allgemeinwohl zum Ziel hat, kann aus den einander ergänzenden Gaben des Mannes und der Frau nur Nutzen ziehen.

(27. 8. 1995, Angelus, Castel Gandolfo)

In unserer Zeit ermöglichen die Fortschritte von Wissenschaft und Technik einen materiellen Wohlstand in bisher ungeahntem Ausmaß, der einige begünstigt, andere aber an den Rand drängt.

So kann dieser einseitige Fortschritt auch zu einem schrittweisen Verlust der Sensibilität für den Menschen, für das eigentlich Menschliche, führen.

In diesem Sinne erwartet vor allem unsere Zeit, dass jener „Genius" der Frau zu Tage trete, der die Sensibilität für den Menschen, eben weil er Mensch ist, unter allen Umständen sicherstellt und so bezeugt: „Die Liebe ist am größten." (Vgl. 1 Kor. 13, 13.)

(15. 8. 1988, Apostolisches Schreiben Mulieris dignitatem)

Es ist an der Zeit, die Formen sexueller Gewalt, deren Objekt nicht selten die Frauen sind, nachdrücklich zu verurteilen und geeignete gesetzliche Mittel zur Verteidigung hervorzubringen.

Im Namen der Achtung der menschlichen Person müssen wir außerdem Anklage erheben gegen die verbreitete, von Genusssucht und Geschäftsgeist bestimmte Kultur, die die systematische Ausbeutung der Sexualität fördert, in dem sie auch Mädchen im jungen Alter dazu anhält, in die Fänge der Korruption zu geraten und sich für die Vermarktung ihres Körpers herzugeben.

(29. 6. 1995, Brief an die Frauen)

Ich appeliere an alle Männer in der Kirche, dort wo es notwendig ist, einen Sinneswandel zu vollziehen und, den Forderungen ihres Glaubens folgend, eine positive Einstellung Frauen gegenüber einzunehmen. Ich fordere sie auf, sich mehr und mehr jener Diskriminierungen bewusst zu werden, denen Frauen, insbesondere Mädchen, ausgesetzt sind, und zu ergründen, worauf die Haltung der Männer, ihre mangelnde Sensibilität oder ihre Verantwortungslosigkeit zurückzuführen sind.

(29. 8. 1995, Ansprache an die Delegation des Hl. Stuhls bei der 4. Weltfrauenkonferenz, Peking)

Die Frauen sind nicht zum Priestertum berufen.

(16. 9. 1987, Los Angeles)

Wirtschaft, Arbeit, Armut

Ein junger Arbeiter zählt mehr als alles Gold der Welt.

(Eintrag ins „Goldene Buch" von St-Denis, Arbeiterviertel in Paris)

Die Kirche ist sich heute mehr denn je dessen bewusst, dass ihre soziale Botschaft mehr im Zeugnis der Werke als in ihrer inneren Folgerichtigkeit und Logik Glaubwürdigkeit finden wird.
Auch aus diesem Bewusstsein stammt ihre vorrangige Option für die Armen, die nie andere Gruppen ausschließt oder diskriminiert.
Es handelt sich um eine Option, die nicht nur für die materielle Armut gilt, da bekanntlich besonders in der modernen Gesellschaft viele Formen nicht bloß wirtschaftlicher, sondern auch kultureller oder religiöser Armut anzutreffen sind.

(1. 5. 1991, Enzyklika Centesimus Annus)

Ihr Leben ist ein Zeugnis für die Würde und das Privileg demütigen Dienens.
Sie hatte sich entschieden, nicht nur die Letzte zu sein, sondern sogar die Dienerin der Letzten.

Als eine wirkliche Mutter für die Armen beugte sie sich hinunter zu denen, die verschiedenste Arten von Armut erleiden.
Ihre Größe lag in der Fähigkeit zu geben, ohne auf den Preis zu sehen, zu geben, bis es wehtut.

(19. 10. 2003, Seligsprechung von Mutter Teresa)

Der Krieg der Mächtigen gegen die Schwachen hat heute mehr als früher tief greifende Spaltungen zwischen Reichen und Armen aufgerissen.

(Zum 25-jährigen Amtsjubiläum im Papst-Schreiben „Die Hirten der Herde", Rom)

Die tragische und oft ungerechte Lage derjenigen, die keine Arbeit finden oder sie verloren haben, muss eine wesentliche Sorge bei der Suche nach leistungsfähigeren Wirtschafts- und Produktionssystemen sein. Gleichzeitig können wir nicht jene Methoden ignorieren, durch die, aufgrund eines sich über jeden moralischen Wert hinwegsetzenden Wirtschaftsdenkens, menschliche Arbeit in einigen Teilen der Welt auf schamlose Art und Weise ausgebeutet wird. (...) In dem dynamischen und sich wandelnden Kontext der heutigen Wirtschaft muss das Recht auf Arbeit als Grundrecht bestätigt werden, entsprechend der grundlegenden Verpflichtung des Menschen, sich und seine Familie zu erhalten. Hier geht es nicht um das bloße Existenzrecht, sondern vielmehr um die Möglichkeit der Selbstverwirklichung des arbeitenden Menschen und seine aktive Rolle in den Gemeinschaften, denen er angehört.

(2. 12. 1996, Internationales Treffen für Gewerkschaftsvertreter auf Einladung des Päpstlichen Rates für Gerechtigkeit und Frieden)

Im mexikanischen Oaxaca bringen Landarbeiterinnen auch ihre kranken und verkrüppelten Kinder zum Papst und weinen, schreien, flehen, dass der Heilige Vater seine „wundertätigen Hände" auflegen möge. Johannes Paul schlägt seine Hände über sein Gesicht und flüstert: „Ich bin doch nur ein Mensch wie jeder von euch. Ich bin kein Wundertäter, verzeiht!"

Der Papst steht auf Seiten der Volksmassen, die fast immer auf einem unwürdigen Lebensniveau belassen und oft unbarmherzig ausgebeutet werden.

Wenn der Mensch Gefahr läuft, als Objekt betrachtet zu werden, das man nach eigenem Ermessen verwandeln oder beherrschen kann, wenn man in ihm nicht mehr das Abbild Gottes erkennt, wenn die Fähigkeit zur Aufopferung und Liebe wissentlich verschleiert wird, wenn Egoismus und Profitdenken zur vorrangigen Motivation des Wirtschaftslebens werden, dann ist alles möglich, und dann sind wir nicht weit von der Barbarei entfernt.

(10. 1. 1998, Empfang für das beim Heiligen Stuhl akkreditierte Diplomatische Korps)

Der Mensch muss arbeiten, einmal weil es ihm der Schöpfer aufgetragen hat, dann wegen seiner Menschennatur, für deren Erhalt und Entwicklung die Arbeit erforderlich ist. Der Mensch schuldet die Arbeit auch seinen Mitmenschen, insbesondere seiner Familie, aber auch der Gesellschaft, der er angehört, der Nation, der Sohn und Tochter er ist, der ganzen Menschheitsfamilie, deren Glied er ist:
Erbe der Arbeit von Generationen und zugleich Mitgestalter der Zukunft derer, die im Ablauf der Geschichte nach ihm kommen werden.

(14. 9. 1981, Enzyklika Laborem exercens)

Der Wohlfahrtsstaat, der direkt eingreift und die Gesellschaft ihrer Verantwortung beraubt, löst den

Verlust an menschlicher Energie und das Aufblähen der Staatsapparate aus, die mehr von bürokratischer Logik als von dem Bemühen beherrscht werden, den Empfängern zu dienen – Hand in Hand damit geht eine ungeheure Ausgabensteigerung.

Wie es scheint, kennt tatsächlich derjenige die Not besser und vermag die anstehenden Bedürfnisse besser zu befriedigen, der ihr am nächsten ist und sich zum Nächsten des Notleidenden macht.

(1. Mai 1991, Enzyklika Centesimus Annus)

So wahr es auch ist, dass der Mensch zur Arbeit bestimmt und berufen ist, so ist doch in erster Linie die Arbeit für den Menschen da und nicht der Mensch für die Arbeit.

(14. 9. 1981, Enzyklika Laborem exercens)

Die moralische Nachgiebigkeit macht die Menschen nicht glücklich.
Die Konsumgesellschaft macht die Menschen nicht glücklich.

Was am Klassenkampf verurteilt wird, ist die Auffassung eines Konfliktes, der sich von keiner

Erwägung ethischer oder rechtlicher Art leiten lässt; der sich weigert, die Personenwürde im anderen (und damit die eigene) anzuerkennen; der daher einen angemessenen Vergleich ausschließt und nicht mehr das Gesamtwohl der Gesellschaft, vielmehr ausschließlich das Sonderinteresse einer Gruppe im Auge hat, das sich an die Stelle des Gemeinwohls setzt und daher vernichten will, was sich ihm entgegenstellt.

(1. Mai 1991, Enzyklika Centesimus Annus)

Von Sozialisierung kann man nur dann sprechen, wenn der Subjektcharakter der Gesellschaft garantiert ist, d. h., wenn jeder aufgrund der eigenen Arbeit den vollen Anspruch hat, sich zugleich als Miteigentümer der großen Werkstätte zu betrachten, in der er gemeinsam mit anderen arbeitet.
Ein Weg auf dieses Ziel hin könnte sein, die Arbeit so weit wie möglich mit dem Eigentum am Kapital zu verbinden und eine große Vielfalt mittlerer Körperschaften mit wirtschaftlicher, sozialer oder kultureller Zielsetzung ins Leben zu rufen: Körperschaften mit echter Autonomie gegenüber den öffentlichen Behörden, Körperschaften, die ihre spezifischen Ziele in ehrlicher Zusammenarbeit und mit Rücksicht auf die Forderungen des Gemeinwohls verfolgen und sich in Form und Wesen als lebensvolle Gemeinschaften er-

weisen, sodass sie ihre Mitglieder als Personen betrachten und behandeln und zu aktiver Teilnahme an ihrem Leben anregen.

(14. 9. 1981, Enzyklika Laborem exercens)

Das Eigentum an Produktionsmitteln sowohl im industriellen wie im landwirtschaftlichen Bereich ist gerechtfertigt, wenn es einer nutzbringenden Arbeit dient. Es wird hingegen rechtswidrig, wenn es nicht produktiv eingesetzt wird oder dazu dient, die Arbeit anderer zu behindern, um einen Gewinn zu erzielen, der nicht aus der Gesamtausweitung der Arbeit und des gesellschaftlichen Reichtums erwächst, sondern aus ihrer Unterdrückung, aus der unzulässigen Ausbeutung, aus der Spekulation und aus dem Zerbrechen der Solidarität in der Welt der Arbeit.

(1. Mai 1991, Enzyklika Centesimus Annus)

Die Arbeit ist ein Gut für den Menschen – für sein Menschsein –, weil er durch die Arbeit nicht nur die Natur umwandelt und seinen Bedürfnissen anpasst, sondern auch sich selbst als Mensch verwirklicht, ja gewissermaßen „mehr Mensch wird".

(14. 9. 1981, Enzyklika Laborem exercens)

Die Arbeitslosigkeit stellt in unseren Tagen eine der ernstesten Bedrohungen für das Familienleben dar und erfüllt zu Recht alle Gesellschaften mit Sorge. Sie stellt eine Herausforderung für die Politik der einzelnen Staaten und einen Gegenstand aufmerksamen Nachdenkens für die Soziallehre der Kirche dar.

Es ist daher unerlässlicher und dringender denn je, hier mit mutigen Lösungen Abhilfe zu schaffen, die auch über nationale Grenzen hinauszublicken verstehen zu den vielen Familien, für die das Fehlen von Arbeit zu einem dramatischen Elend wird.

(2. 2. 1994, Brief an die Familien)

Unverschuldete Arbeitslosigkeit wird zum gesellschaftlichen Skandal, wenn die zur Verfügung stehende Arbeit nicht gerecht verteilt und der Ertrag der Arbeit nicht auch dazu verwendet wird, neue Arbeit für möglichst alle zu schaffen.

(30. 4. bis 4. 5. 1987, Predigten und Ansprachen beim zweiten Pastoralbesuch in Deutschland)

Der Mensch hat das Recht, seine Heimat aus verschiedenen Gründen zu verlassen – wie auch dorthin zurückzukehren – und in einem anderen Land bessere Lebensbedingungen zu suchen. (...)

Das Wichtigste ist, dass der Mensch, der als ständiger Emigrant oder auch als Saisonarbeiter außerhalb seines Heimatlandes arbeitet, im Bereich der Arbeitnehmerrechte gegenüber den anderen Arbeitern aus dem Gastland selbst nicht benachteiligt wird.

(14. 9. 1981, Enzyklika Laborem exercens)

Nach dem Plan Gottes stehen die Güter der Erde allen Menschen und jedem einzelnen Menschen als Mittel für die Entwicklung einer wahrhaft menschlichen Existenz zur Verfügung.
Das Privateigentum steht im Dienste dieses Prinzips und kennt darum gerade aus diesem Grund eine wesenhafte soziale Dimension.

(30. 12. 1988, Nachsynodales Apostolisches Schreiben Christifideles Laici)

Kirche, Glaube, Eucharistie

Mit Recht hat das Zweite Vatikanische Konzil gelehrt, dass das eucharistische Opfer Quelle und Höhepunkt des ganzen christlichen Lebens ist.
Die Heiligste Eucharistie enthält ja das Heilsgut der Kirche in seiner ganzen Fülle, Christus selbst, unser Osterlamm und das lebendige Brot.
Durch sein Fleisch, das durch den Heiligen Geist lebt und Leben schafft, spendet er den Menschen das Leben.
Deshalb ist der Blick der Kirche fortwährend auf den im Sakrament des Altares gegenwärtigen Herrn gerichtet, in welchem sie den vollen Ausdruck seiner unendlichen Liebe entdeckt.

(17. 4. 2003, Ecclesia de Eucharistia)

Ich hatte Angst, diese Wahl anzunehmen, aber ich tat es im Geist des Gehorsams.

(16. 10. 1978, nach der Papstwahl in Rom)

Gottes Ratschlüsse sind oft unergründlich: Erst im Jenseits wird es uns gegeben sein, wirklich zu sehen und zu verstehen. Doch vielleicht ist es ja möglich, jetzt schon den Schimmer einer Antwort auf die jahrhundertealte Frage so vieler Gläubigen zu erhaschen: Warum hat der Heilige Geist nur all die vielen Teilungen und Feindschaften zwischen denen zugelassen, die ein und demselben Evangelium folgen und Jünger ein und desselben Christus sind?

Ja, wir können uns tatsächlich fragen: Warum hat der Heilige Geist alle diese Teilungen zugelassen? Ihre Ursachen und ihr geschichtlicher Verlauf sind allgemein bekannt.

Man kann sich allerdings zu Recht fragen, ob es nicht auch eine „metageschichtliche" Ursache gibt.

Auf diese Frage können wir zwei Antworten finden.

Eine eher negative Antwort sieht in dem Auseinanderbrechen der christlichen Einheit die bittere Frucht der Sünden der Christen.

Eine andere, positivere, vertraut auf Ihn, der das Gute sogar dem Bösen, den menschlichen Schwächen abzugewinnen vermag.

Könnte es nicht auch so sein, dass diese Auseinanderentwicklungen ein Weg waren und sind, um die Kirche die vielfältigen Reichtümer entdecken zu lassen, die im Evangelium Christi und in der von Christus bewirkten Erlösung enthalten sind? Vielleicht hätten diese Reichtümer anders nicht ans Licht gelangen können.

(Papst Johannes Paul II., „Die Grenzen der Hoffnung überschreiten", Seite 179 f.)

Die Kirche lebt von der Eucharistie. Diese Wahrheit drückt nicht nur eine alltägliche Glaubenserfahrung aus, sondern enthält zusammenfassend den Kern des Mysteriums der Kirche.

(17. 4. 2003, Ecclesia de Eucharistia)

Aus dem Ostermysterium geht die Kirche hervor. Genau deshalb steht die Eucharistie als Sakrament des Ostergeheimnisses par excellence im Mittelpunkt des kirchlichen Lebens.

(17. 4. 2003, Ecclesia de Eucharistia)

Gott verlangt nie etwas von uns, was über unsere Kräfte geht.
Er selbst gibt uns die Kraft, das zu vollenden, was er von uns verlangt.

(Zitat vom Neujahrsempfang 2000)

Ich bin durch die Fürsprache Marias verschont worden. Ich habe gespürt, dass eine göttliche Hand die Geschosskugeln abgelenkt hat.

(Nach dem Attentat auf dem Petersplatz 1981)

Christus zu betrachten bedeutet, ihn erkennen zu können, wo immer er sich zeigt, in den vielfältigen Formen seiner Gegenwart, vor allem aber im lebendigen Sakrament seines Leibes und seines Blutes. Die Kirche lebt vom eucharistischen Christus. Von ihm wird sie genährt, von ihm wird sie erleuchtet. Die Eucharistie ist Geheimnis des Glaubens und zugleich „Geheimnis des Lichtes". Jedes Mal, wenn die Kirche sie feiert, können die Gläubigen in gewisser Weise die Erfahrung der beiden Emmausjünger erleben: „Da gingen ihnen die Augen auf, und sie erkannten ihn" (Lk. 24, 31).

(17. 4. 2003, Ecclesia de Eucharistia)

Wenn man gut nachdenkt, so bedeutet es wesentlich mehr Christ zu sein als Bischof, selbst dann, wenn es sich um den Bischof von Rom handelt.

Das Antlitz Christi zu betrachten und es mit Maria zu betrachten, ist das „Programm", auf das ich die Kirche in der Morgenröte des Dritten Jahrtausends hingewiesen habe, indem ich sie einlade, mit Enthusiasmus für die Neuevangelisierung auf das Meer der Geschichte hinauszufahren.

(17. 4. 2003, Ecclesia de Eucharistia)

Die Kirche hat die Eucharistie von Christus, ihrem Herrn, nicht als irgendeine Gabe erhalten, kostbar unter vielen anderen, sondern als die Gabe schlechthin, da es die Gabe seiner selbst ist, seiner Person in seiner heiligen Menschheit, und auch seines Erlösungswerkes. Dieses beschränkt sich nicht auf die Vergangenheit, denn alles, was Christus ist, und alles, was er für alle Menschen getan und gelitten hat, nimmt an der Ewigkeit Gottes teil, steht somit über allen Zeiten und wird ihnen gegenwärtig.

(17. 4. 2003, Ecclesia de Eucharistia)

Das Evangelium verspricht niemandem ein bequemes Leben. Es stellt Ansprüche.

Wenn ich an die Eucharistie denke und dabei auf mein Leben als Priester, Bischof und Nachfolger Petri blicke, erinnere ich mich spontan an die vielen Momente und an die Orte, an denen es mir gegeben war, sie zu feiern.
Ich erinnere mich an die Pfarrkirche von Niegowic, wo ich meine erste pastorale Aufgabe hatte, an die Kollegiatskirche St. Florian in Krakau, an die Kathedrale auf dem Wawel, die Peterskirche und die vielen Basiliken und Kirchen Roms und in der ganzen Welt.
Ich konnte die heilige Messe in Kapellen an

Gebirgspfaden zelebrieren, an Seeufern, an Meeres-
küsten; ich habe sie an Altären gefeiert, die in Stadien
errichtet waren, auf den Plätzen der Städte ... Diese so
vielfältige Szenerie meiner Eucharistiefeiern lässt
mich deutlich ihren universalen und sozusagen kos-
mischen Charakter erfahren. Ja, kosmisch! Denn auch
dann, wenn man sie auf dem kleinen Altar einer
Dorfkirche feiert, wird die Eucharistie immer, in
einem gewissen Sinne, *auf dem Altar der Welt* zele-
briert. Sie verbindet Himmel und Erde. Sie umfasst
und erfüllt alles Geschaffene. Der Sohn Gottes ist
Mensch geworden, um dem, der alles aus dem Nichts
geschaffen hat, alles Geschaffene in einem höchsten
Akt des Lobes zurückzuerstatten.

(17. 4. 2003, Ecclesia de Eucharistia)

In Fülle verwirklicht sich die heilbringende Wirkung des
Opfers, wenn wir in der Kommunion beim Empfang des
Leibes und Blutes des Herrn daran teilhaben. Das
eucharistische Opfer ist in sich auf die innige Gemeinschaft von uns Gläubigen mit Christus mittels der
Kommunion ausgerichtet: Wir empfangen Ihn selbst, der
sich für uns geopfert hat, seinen Leib, den er für uns
hingegeben hat am Kreuz, sein Blut, das er „vergossen
hat für viele zur Vergebung der Sünden" (Mt. 26, 28).

(17. 4. 2003, Ecclesia de Eucharistia)

Ich überlasse Gott die Entscheidung, wie und wann er mich des Amtes entheben will.

(Äußerung an seinem 75. Geburtstag 1995)

Eine Welt ohne Gott ist eine Welt gegen den Menschen.

Durch die Teilhabe an seinem Leib und an seinem Blut teilt Christus uns auch seinen Geist mit.

(17. 4. 2003, Ecclesia de Eucharistia)

Das Zölibat muss also als unschätzbares Geschenk Gottes ... in freier und von Liebe getragener Entscheidung angenommen und unablässig erneuert werden.

(25. 3. 1992, Apostolisches Schreiben „Pastores Dabo Vobis")

Randgruppen und Lebensschutz

Ich teile mit euch eine Zeit des Lebens, die von physischer Krankheit gekennzeichnet ist ...
Liebe Brüder und Schwestern, ich möchte euch alle in die Arme schließen, einen nach dem anderen.

(14. 8. 2004, zu Kranken und Behinderten in Lourdes)

Der Mensch mit Behinderung ist personales Subjekt mit allen Rechten einer Person. Darum muss ihm die Teilnahme am Leben der Gesellschaft in allen Bereichen und auf allen mit seinen Fähigkeiten erreichbaren Stufen ermöglicht werden. Der behinderte Mensch ist einer von uns und teilt voll und ganz unsere Menschennatur. Es wäre eines Menschen von Grund auf unwürdig und eine Verleugnung der gemeinsamen Menschennatur, wenn man zum Leben der Gesellschaft und so auch zur Arbeit nur voll Leistungsfähige zuließe, weil man damit in eine schwere Form von Diskriminierung verfiele.

(1981, Enzyklika Laborem exercens)

Gott hat den Menschen schon am Anfang „gewollt" – und Gott „will" ihn bei jeder menschlichen Empfängnis und Geburt. Gott „will" den Menschen als ein Ihm selbst ähnliches Wesen, als Person. Dieser Mensch, jeder Mensch wird von Gott „um seiner selbst willen" geschaffen.

Das gilt für alle, auch jene, die mit Krankheiten oder Gebrechen zur Welt kommen.

(2. 2. 1994, Brief an die Familien)

Vom Augenblick der Empfängnis und dann von der Geburt an ist das neue Wesen dazu bestimmt, sein Menschsein in Fülle zum Ausdruck zu bringen – sich als Person zu „finden".

Das betrifft absolut alle, auch die chronisch Kranken und geistig Behinderten. „Mensch sein" ist seine fundamentale Berufung: „Mensch sein" nach Maßgabe der empfangenen Gaben.

(2. 2. 1994, Brief an die Familien)

Mögen auch viele und ernste Aspekte der heutigen sozialen Problematik das Klima verbreiteter moralischer Unsicherheit irgendwie erklären und manchmal bei den Einzelnen die subjektive Verantwortung schwächen, so trifft es tatsächlich nicht weniger zu, dass wir einer viel weiter reichenden Wirklichkeit gegenüberstehen, die man als wahre und ausge-

sprochene Struktur der Sünde betrachten kann, gekennzeichnet von der Durchsetzung einer Anti-Solidaritätskultur, die sich in vielen Fällen als wahre „Kultur des Todes" herausstellt.
Sie wird aktiv gefördert von starken kulturellen, wirtschaftlichen und politischen Strömungen, die eine leistungsorientierte Auffassung der Gesellschaft vertreten.

(25. 3. 1995, Enzyklika Evangelium vitae)

Die Pastoralarbeit der Kirche muss also alle anregen, die Aufgaben der Alten in der bürgerlichen und kirchlichen Gemeinschaft und vor allem in der Familie wiederzuentdecken und fruchtbar zu machen.

(22. 11. 1981, Apostolisches Schreiben Familiaris consortio)

Der Mensch hört nicht auf, groß zu sein, auch nicht in seiner Schwäche.

Wir dürfen nicht der Versuchung verfallen zu denken, der Wert unseres Lebens hänge von greifbaren Erfolgen ab. Kein einziges Menschenleben ist ohne Wert. Im Licht des Lebens Jesu gewinnen die einfachen

Dinge des täglichen Lebens an Bedeutung: die Arbeit zusammen mit anderen, die Güte derer, die ihren Nächsten helfen, und die Dankbarkeit jener, die diese Güte erfahren.

(13. 5. 1985, Messe mit Behinderten und Kranken in Den Haag)

Das Recht auf Leben in seiner ganzen, von Gott zugesagten Fülle kann niemals dem oft Schwächeren verweigert werden zu Gunsten der Verwirklichung dieses Rechts durch einen anderen.

(19. 12. 1992, Ansprache an die Bischöfe aus Südwestdeutschland)

Abtreibung und Euthanasie sind also Verbrechen, die für rechtmäßig zu erklären sich kein menschliches Gesetz anmaßen kann.

(30. 3. 1995, Enzyklika Evangelium Vitae)

Das Recht auf Abtreibung, Kindestötung und Euthanasie zu fordern und es gesetzlich anzuerkennen heißt, der menschlichen Freiheit eine perverse, abscheuliche Bedeutung zuzuschreiben: nämlich die einer absoluten Macht über die anderen und gegen die anderen.

(25. 3. 1995, Enzyklika Evangelium vitae)

Heulen könnte ich manchmal wie ein Kind. Aber sagen Sie mir, hilft ein weinender Papst irgend jemandem? Ich muss ihnen doch Kraft geben.

(Der erschütterte und hilflose Papst zu einem Begleiter, als sie im Amazonasgebiet ein Lepradorf besuchten)

Familie

Die Heilige Familie, Ikone und Vorbild jeder menschlichen Familie, helfe jedem, im Geist von Nazaret zu wandeln; sie helfe jeder Familie, ihre Sendung in Kirche und Gesellschaft durch das Hören des Gotteswortes, das Gebet und das brüderliche Leben miteinander zu vertiefen.
Maria, Mutter der schönen Liebe, und Josef, Hüter des Erlösers, mögen uns alle unablässig mit ihrem Schutz begleiten.

(2. 2. 1994, Brief an die Familien)

Fehlt die Familie, so entsteht in der Person, die in die Welt eintritt, eine bedenkliche und schmerzliche Lücke, die in der Folge auf dem ganzen Leben lasten wird.

(2. 2. 1994, Brief an die Familien)

Auf die Zersetzung der Familien scheinen in unseren Tagen leider verschiedene Programme ausgerichtet zu sein, die von sehr einflussreichen Medien unterstützt werden. Es scheint bisweilen so zu sein, dass unter allen Umständen versucht wird, Situationen, die tatsächlich „irregulär" sind, als „regulär" und anziehend darzustellen, indem man ihnen den äußeren Anschein eines verlockenden Zaubers verleiht; sie widersprechen tatsächlich der „Wahrheit und der Liebe", die die gegenseitige Beziehung zwischen Männern und Frauen inspirieren und leiten sollen, und sind daher Anlass für Spannungen und Trennungen in den Familien mit schwerwiegenden Folgen, besonders für die Kinder.

(2. 2. 1994, Brief an die Familien)

Unter zahlreichen Wegen ist die Familie der erste und der wichtigste. Ein gemeinsamer Weg und doch ein eigener, einzigartiger und unwiederholbarer Weg, so wie jeder Mensch unwiederholbar ist; ein Weg, von dem kein Mensch sich lossagen kann.

(2. 2. 1994, Brief an die Familien)

Dieses Schreiben an die Familien möchte in erster Linie eine Bitte an Christus sein, in jeder menschlichen Familie zu bleiben; eine Einladung an Ihn, durch die kleine Familie von Eltern und Kindern in der groben Familie der Völker zu wohnen, damit tatsächlich alle mit Ihm zusammen sprechen können: „Vater unser!" Das Gebet muss zum beherrschenden

Element des Jahres der Familie in der Kirche werden: das Gebet der Familie, das Gebet für die Familie, das Gebet mit der Familie.

(2. 2. 1994, Brief an die Familien)

Der Mensch wurde „am Anfang" als Mann und Frau geschaffen: Das Leben der menschlichen Gemeinschaft – der kleinen Gemeinschaften wie der ganzen Gesellschaft – trägt das Zeichen dieser Ur-Dualität. Aus ihr gehen die „Männlichkeit" und die „Weiblichkeit" der einzelnen Individuen hervor, so wie aus ihr jede Gemeinschaft ihren je eigentümlichen Reichtum in der gegenseitigen Ergänzung der Personen schöpft.

(2. 2. 1994, Brief an die Familien)

Sicher im Widerspruch zur Zivilisation steht die so genannte „freie Liebe", die umso gefährlicher ist, weil sie gewöhnlich als Frucht eines „echten" Gefühls hingestellt wird, während sie tatsächlich die Liebe zerstört.
Wie viele Familien sind gerade aus „freier Liebe" in die Brüche gegangen!?

(2. 2. 1994, Brief an die Familien)

Die Familie muss wieder als das Heiligtum des Lebens angesehen werden. Sie ist in der Tat heilig: Sie ist der Ort, an dem das Leben, Gabe Gottes, in angemessener Weise angenommen und gegen die vielfältigen Angriffe, denen es ausgesetzt ist, geschützt wird und wo es sich entsprechend den Forderungen eines echten menschlichen Wachstums entfalten kann. Gegen die so genannte Kultur des Todes stellt die Familie den Sitz der Kultur des Lebens dar.

(1. 5. 1991, Enzyklika Centesimus Annus)

Israel

Israel ist das Volk Gottes, es ist der Ausdruck der Gemeinschaft Gottes mit den Menschen, es ist das auserwählte Volk. Dies ist nicht eine natürliche Tatsache oder eine kulturelle, es ist ein übernatürliches Faktum.

Haben die Christen den Juden jeden möglichen Beistand gewährt? Viele taten es, andere aber nicht ... Wir bedauern zutiefst die Fehler und das Versagen dieser Söhne und Töchter der Kirche.

(16. 3. 1998, Vatikan-Dokument „Wir erinnern uns, Nachdenken über die Shoa")

Der Bruder Jude ist der ältere Bruder der Kirche. Er ist von aller Mitschuld am Tode Christi freizusprechen.

Weisheit und Liebe

Das schlimmste Gefängnis ist das geschlossene Herz.

Die einzige Revolution, die den Menschen nicht verrät, ist diejenige, die aus der echten Liebe entsteht.

(Jugendmesse in Belo Horizonte, Brasilien)

Man kann nicht nur auf Probe leben, man kann nicht nur auf Probe sterben, man kann nicht nur auf Probe lieben, nur auf Probe und Zeit einen Menschen annehmen.

(15. 11. 1980, bei seinem Deutschlandbesuch in Köln)

Nicht das Verlangen nach einem besseren Leben ist schlecht, sondern falsch ist ein Lebensstil, der vorgibt, dann besser zu sein, wenn er auf das Haben und nicht auf das Sein ausgerichtet ist. Man will mehr haben, nicht um mehr zu sein, sondern um das Leben in Selbstgefälligkeit zu konsumieren. Es ist daher notwendig, sich um den Aufbau von Lebensweisen zu bemühen, in denen die Suche nach dem Wahren, Schönen und Guten und die Verbundenheit mit den anderen für ein gemeinsames Wachstum jene Elemente sind, die die Entscheidung für Konsum, Sparen und Investitionen bestimmen.

(1. 5. 1991, Enzyklika Centesimus Annus)

Der Glaube, die Hoffnung und die Liebe müssen für das Verhalten des echten Jünger Christi in jeder seiner Handlungen, Situationen und Verantwortlichkeiten richtunggebend sein.

(14. 9. 1995, Nachsynodales Apostolisches Schreiben Ecclesia in Afrika)

Wer möchte nicht lieben und geliebt werden?
Aber um die aufrichtige Liebe zu erfahren, muss man die Tür des Herzens für Jesu öffnen und den Weg gehen, den er mit seinem eigenen Leben vorgezeichnet hat: Es ist der Weg der Selbsthingabe.

(8. 9. 1997, Brief an die Jugendlichen von Rom)

Ich bete für den Bruder, der mich verwundet hat und dem ich aufrichtig vergeben habe.

(Vier Tage nach dem Attentat 1981 im Spital in Rom)

Der Mensch von heute muss vor allem die Dimension der Stille und des Gebets wiederfinden, die unerlässlich ist für das Öffnen des Herzens gegenüber Gott und den Mitmenschen.

(30. 4. 1995, Regina Caeli in Trient)

Die Wahrheit ist kein Produkt einer Kirche von unten, sondern sie kommt von oben, von Gott.

(20. 11. 1998, Rom)

Die Mitte der Nacht ist auch schon der Anfang eines neuen Tages.

Die letzten Worte

Ich bin heiter, seid ihr es auch!

(1. 4. 2005, auf dem Sterbebett im Vatikan)

Ich habe euch gesucht. Jetzt seid ihr hier bei mir, und ich danke euch dafür.

(2. 4. 2005, auf dem Sterbebett in Rom)

Amen.

(2. 5. 2005, sein letztes Wort am Todestag als Reaktion auf das Rosenkranzgebet tausender Pilger auf dem Petersplatz)

Über ihn

Politiker, Freunde und Kollegen über Papst Johannes Paul II.

Er macht keinen Hehl aus seinem Wunsch, ein Weltführer zu sein, ein globaler Prophet, der Überbringer der allumfassenden Heilsbotschaft. Manchen Beobachtern kam er wie ein selbsternannter Messias vor.

(Marco Politi, italienischer Autor, über die vielen Reisen des Papstes)

(...) Wojtyla ist zweifellos einer der wenigen Intellektuellen im polnischen Episkopat ... Er hat bisher keine offenkundig gegen den Staat gerichteten Aktivitäten entfaltet. Es hat den Anschein, als ob Politik nicht seine starke Seite ist; er ist zu sehr im abstrakten Denken verfangen. ... Ihm fehlen Organisationstalent und Führungsqualitäten.

(Aus einem Dokument der polnischen Geheimpolizei 1967. Welch ein Irrtum!)

Der John Travolta vom Heiligen Geist.

(Überschrift zu einem Zeitungsartikel anlässlich der USA-Reise 1979. Der unkonventionelle Umgang des Heiligen Vaters mit den Gläubigen begeistert nicht nur die Presse.)

Der Papst sagte Dinge wie „Fürchtet euch nicht! Verändert das Antlitz dieser Erde!" 20 Jahre lang hatte ich Leute gesucht, um mit ihnen den Kommunismus zu bekämpfen – ich fand zehn. Ein Jahr nach dem Besuch hatte ich zehn Millionen. Ohne dieses Erwachen hätten wir noch 20 oder 50 Jahre warten müssen, und der Kommunismus wäre sicher blutig zu Ende gegangen.

(4. 4. 2005, Lech Walesa über seinen Freund und Mitstreiter Johannes Paul II.)

Mit ihm hat sich das Papsttum gleichsam auf Wanderschaft begeben. Er durchreist die Welt und spricht zu den Menschen guten oder schlechten Willens.
Wie ein neuer Moses möchte er um jeden Preis, dass die Menschen das Gelobte Land wiederfinden und wieder Volk Gottes werden.
Deshalb ist seine missionarische Sorge unermesslich.

(1988, Domenico Del Rio, italienischer Publizist, über den Papst als Globetrotter)

Johannes Paul der Große starb in vollkommener Gelassenheit – der Gelassenheit der Heiligen.

(3. 4. 2005, Angelo Kardinal Sodano in der Messe am Tag nach dem Tod des Papstes)

Ich erinnere mich noch, als unsere Theatertruppe das Drama „Sigismund August" von Wyspianski probte. Karol war überglücklich, dass er die Rolle des Königs spielen durfte, unter dessen Herrschaft Polen eine große Blütezeit erlebte. Er wollte immer den König spielen.

(Kazimierz Froys, Professor des Gymnasiums Wadowice)

Die Einzigartigkeit dieses Papstes besteht darin, dass er sich weder links noch rechts einordnen lässt. Wojtyla durchbricht jedes Schema.

(Vittorio Messori, katholischer Schriftsteller)

Noch viel mehr als auf Fotos oder im Fernsehen macht er den Eindruck von Kraft und persönlichem Charme, dem man sich nicht entziehen kann, wenn man ihm persönlich gegenübersteht.

(Rosalynn Carter, Ehefrau des ehemaligen amerikanischen Präsidenten)

Ich habe wenig Arbeit mit diesem Patienten, weil er sehr vernünftig lebt. Er trinkt und isst mäßig.
Er schläft vielleicht etwas zu wenig, oft nur vier oder

fünf Stunden. Wenn sich eine Verkühlung ankündigt, verordne ich auch mal einen Wodka, aber nur aus gesundheitlichen Gründen, versteht sich.

(Renato Buzanetti, Leibarzt des Papstes)

Santo subito! (Sofort heilig!)

(3. 4. 2005, die Gläubigen fordern nach der Totenmesse die sofortige Heiligsprechung des Papstes)

Er ist schöner als Jesus Christus!

(Das italienische Magazin „Panorama" überliefert die Reaktion römischer Nonnen auf den neuen Papst)

Wojtyla, das Paradies kann warten. Und der nächste Papst auch.

(Die Mailänder Zeitung „Il Giornale" widmet dem gesundheitlich angeschlagenen Papst Mitte der Neunziger Jahre einen Artikel mit dieser Überschrift)

Papst Paul VI. erinnerte die Menschen ständig daran, wie schwer es in dieser Welt ist, ein Christ zu sein.

Johannes Paul II. erinnert sie daran, wie wundervoll es trotz aller Schwierigkeiten ist, ein Christ zu sein.

(Ein Jesuit in Rom)

Ich habe schon immer gewusst , dass Wojtyla gut ist. Aber wie gut, dass seh ich erst jetzt.

(Kazimierz Kakol, „Kirchenminister", nach der Wahl seines Landsmannes zum Papst)

Sie sind so rot auf den Wangen! War das der Heilige Geist oder nur die frische Winterluft?

(Der Breslauer Kardinal Kominek, als der Papst wegen einer Ski-Tour mit großer Verspätung zu einer Versammlung eintrifft)

Rock-Stationen spielen den Papst zwischen Bee Gees und Led Zeppelin.

(Das Magazin „Time", als der „Pop-tifex maximus" mit einem Song in die Hitparade einzieht)

Danke, Heiliger Vater, für Ihre weißen Haare, danke

für Ihr Leiden, durch das Ihr uns besonders lieb geworden seid, und danke für Ihre körperlich müden, aber geistig so frischen und furchtlosen Schritte!

(Dario Castrillon Hoyos, Kurienkardinal, anlässlich des 80. Geburtstages des Papstes)

Bei der Papst-LP ist der Teufel los.

(Die Platte verkauft sich so gut, dass die Produzenten-Firma mit diesem Slogan wirbt)

Name: Seine Heiligkeit Johannes Paul II. (Karol Wojtyla). Geboren: 18. Mai 1920 in Wadowice, Polen
Stand: Ledig
Adresse: Vatikan

(Personalangaben auf dem Visum für Mexiko als „privater Besucher")

Eine Zeitung, die sich nicht nur lesen lässt, sondern auch den Geruch der Heiligkeit enthält!

(Die linke „Liberation" hat für die Sonderseiten anlässlich des Paris-Besuches des Heiligen Vaters angeblich sieben Kilo Weihrauch in die Druckerschwärze gemischt)

Er gefällt allen, also gefällt er auch den Frauen.
Die Frauen merken, dass ein Papst sie endlich wie
Frauen liebt und nicht wie einen Gegenstand proble-
matischer Keuschheit.

(Federico Fellini, italienischer Filmregisseur)

Warum soll nicht auch ein Pole Papst sein?
Schließlich war Petrus auch ein Ausländer.

*(1978, ein römischer Taxifahrer zu einem Journalisten
nach der Wahl Karol Wojtylas zum neuen Papst)*

Es wird so sein, als ob Jesus Christus diese Stadt be-
tritt.

(Der Erzbischof von Rio anlässlich des Papst-Besuchs)

Sie soll wieder so weiß sein, wie es die Soutane des
Papstes auch sein wird.

*(Die Stadtverwaltung beschließt das Unternehmen,
das aus chronischem Geldmangel jahrelang hinausge-
zögert worden ist und schließlich eine halbe Million
Liter Wasser und Tonnen von Reinigungsmitteln ver-
schlang)*

Ein Papst hat leichten Weißwein zu trinken.

(Vatikanische Beamten, als sie die Spuren der feucht-fröhlichen Amtseinweihung Wojtylas mit der polnischen Kirchendelegation, leere Wodka- und Bierflaschen, beseitigten)

Ein Papst aus Polen ist für Parteichef Gierek so wie es für Breschnjew wäre, wenn Solschenizyn Generalsekretär der Vereinten Nationen geworden wäre.

(Die „International Herald Tribune" kommentiert die Wahl Karol Wojtylas)

Alle Flüge sind gleich. Aber dieser ist gleicher.

(Der Manager der italienischen Fluggesellschaft, die für die erste Auslandsreise des neuen Papstes nach Mexiko zuständig ist)

Vielleicht ist er eines Tages ein Heiliger, dann habe ich eine Reliquie.

(Eine Amerikanerin verteidigt sich, als sie mit einer Schere eine Messe des Heiligen Vaters besucht, um ihm ein Stoffteil aus der Soutane zu schnippeln)

Die Gesichtspartien wirken nicht so durchsichtig gläsern wie bei Paul VI., sondern kraftvoll wie ein Gebirge. Sein Kopf erscheint mir wie vorwärts rollendes Gestein.

(Die etwas blumige Analyse des Prominentenmalers Ernst Günther Hansing)

Das Einzige, was Papst Johannes Paul II. bisher noch nicht getan hat, war Samba zu tanzen.

(Rio de Janeiro, Schlagzeile einer Tageszeitung anlässlich des Papst-Besuchs)

Wenn ich katholisch wäre, möchte ich bei diesem Papst beichten.

(Helmut Schmidt, Bonner Kanzler, nach einer Privataudienz beim Papst)

Wir können ihm doch keinen schmutzigen Christus zumuten!

(Anlässlich des Brasilien-Besuchs des Papstes soll endlich die berühmte Statue am Corcovado-Berg in Rio gereinigt werden)

Wir könnten den Papst gut vier Wochen lang in Deutschland beschäftigen!

(Prälat Homeyer, der den Papstbesuch in Deutschland organisieren und etliche Anträge und Einladungen unter einen Hut bringen soll)

... vielleicht können wir für gewisse Veranstaltungen ein Double besorgen?!

(Die nicht ganz ernst gemeinte Antwort aus dem bischöflichen Planungsstab in Bonn)

Ei, ei, ei! O Papa ei nosso rei!
(Der Papst ist unser König!)

(Allgemeine Losung der brasilianischen Gläubigen)

Alles, was in diesen Jahren in Osteuropa geschehen ist, wäre ohne die Gegenwart dieses Papstes, ohne seine wichtige Rolle, die er auch politisch auf der Weltbühne zu spielen wusste, nicht möglich gewesen.

(3. 3. 1992, der frühere sowjetische Präsident Michail Gorbatschow zur Rolle des Papstes bei den politischen Umwälzungen in Europa in einem Beitrag für „La Stampa")

Wie es sich für Bayern gehört, wird es beim Besuch des Papstes einen weiß-blauen Himmel geben.

(Ein Pater anlässlich des sonst so verregneten Deutschland-Besuchs des Papstes in einer Sendung des Bayrischen Rundfunks)

Der Papst ist Jesus Christus!

(Eine Million Gläubige skandieren diese Parole bei einer Messe in Porto Alegre, Brasilien. Auch „Johannes von Gott" wird er genannt)

Er hat Hutnummer 62! Er ist eben auch in seiner Kopfgröße ganz und gar ungewöhnlich!

(Eine Paramente-Stickerin, die anlässlich des Besuchs des Papstes in Bayern eine goldbestickte Mitra fertigt)

Unser verstorbener Heiliger Vater hatte die Jugend der Welt zum XX. Weltjugendtag zu uns in das Erzbistum Köln eingeladen. Ebenso wie er selbst hatten wir uns schon auf seinen dritten Besuch hier gefreut. Für den Papst stand es nie in Frage, dass er trotz seiner Krankheit nach Köln kommen würde.
In einer Audienz hatten wir sogar schon einmal über

die Themen seiner Predigten gesprochen. Im Januar dieses Jahres hatte ich eine Audienz bei ihm, um ihn persönlich über den Stand der Vorbereitungen zu informieren.

Der Heilige Vater hatte für das Kölner Weltjugendtreffen eine großartige Vision: Nach den Katastrophen der beiden Weltkriege sollte im neuen Jahrtausend eine Neuevangelisierung von deutschem Boden ausgehen. Selbst in die Gemelli-Klinik ließ er mich noch vor gut einem Monat kommen, um mir nochmals zu versichern, wie sehr ihm der Weltjugendtag in Köln am Herzen liegt.

(Kardinal Meisner, Erzbischof von Köln, anlässlich des Todes von Papst Johannes Paul II.)

Die Existenz der Gewerkschaft Solidarnosc und von mir wären ohne die Gestalt dieses großartigen Polen und großen Mannes, Johannes Paul II., nicht vorstellbar.

(20. 4. 1989, der damalige polnische Gewerkschaftsführer und spätere Präsident Lech Walesa vor Studenten der katholischen Universität in Rom)

Für mich zählt der Beitrag, den Papst Johannes Paul II. bei der Überwindung der kommunistischen Regimes in Ost- und Mitteleuropa geleistet hat, zu den größten Verdiensten seines Pontifikats.

(Karl Lehmann, Vorsitzender der Deutschen Bischofs-konferenz)

Diesem Heiligen Vater ist es durchaus zuzutrauen, dass er auf dem Heimweg nach Rom spontan einen Abstecher an den Fuß des Großglockners macht.

(Ein Kommunalpolitiker, als der Bürgermeister des österreichischen Wintersportortes Heiligenblut dem deutschlandreisenden Papst eine Einladung zu einem Skiurlaub ausspricht)

Papstbesuch! Logenplatz direkt am Kölner Dom, Privatfenster und Balkon. Gegen Höchstangebot!

(Ein nicht ganz christliches Inserat in den „Westfälischen Nachrichten")

Der Papst hat dem Imperialismus mehr Kopfschmerzen bereitet als sonst jemand auf der Welt.

(20. 1. 1998, Präsident Fidel Castro vor einem Besuch des Papstes auf Kuba)

Die zentrale Bedeutung, die Sie dem Schutz und der Würde des menschlichen Lebens stets beigemessen haben, kennzeichnet Ihr ganzes Lebenswerk.

(18. 5. 1995, der damalige Bundespräsident Roman Herzog anlässlich des 75. Geburtstags des Papstes)

Ein großer Teil der Freiheitsbewegungen im Osten Europas fand durch Sie Zuspruch und Hilfe.

(21. 6. 1996, Roman Herzog bei der Begrüßung des Papstes zu seinem ersten Besuch im wiedervereinigten Deutschland in Paderborn)

Für viele von diesen Jugendlichen sind Sie bei der Suche nach Antworten ein Führer, ein Leitbild.

(21. 8. 1997, der französische Präsident Jacques Chirac begrüßt den Papst zum 12. katholischen Weltjugendtag in Paris)

Sein beharrlicher Einsatz für den Frieden, den Papst Johannes Paul II. mit großer Klarheit zum Ausdruck gebracht hat, hat weltweit Beachtung und breite Anerkennung gefunden.
Papst Johannes Paul II. lagen die nachfolgenden Ge-

nerationen in besonderer Weise am Herzen. Junge Menschen aller Kontinente zu Weltjugendtagen zusammenzurufen, wie es in diesem Jahr in Köln zum zwanzigsten Mal geschehen wird, war seine persönliche Initiative. An die Jugend richtete er sich in seinen jährlichen Botschaften zum Weltjugendtag ebenso wie in den Friedenstreffen und Gebeten.

Für Seine Heiligkeit sind junge Menschen Hoffnungsträger gewesen. Sie werden seine Botschaft weitertragen.

(Gerhard Schröder, deutscher Bundeskanzler, in einem Kondolenzbrief an den Dekan des Kardinalskollegiums, Kardinal Ratzinger)

Wir danken Ihnen für 20 Jahre, in denen Sie unseren Geist beflügelt und unsere Herzen gerührt haben. Mögen Sie 100 Jahre alt werden oder mehr.

(26. 1. 1999, der damalige US-Präsident Bill Clinton bei der Begrüßung des Papstes bei einem Besuch im US-Bundesstaat Missouri)

Die katholischen Jugendverbände werden sich alle Mühe geben, das Fest im Sinne und im Gedenken an den Heiligen Vater durchzuführen.

In der Feier der Eucharistie, in Gebeten und Liedern

werden sich die Jugendlichen der Welt Papst Johannes Paul II. auch nach seinem Tode verbunden fühlen.

(Pfarrer Andreas Mauritz, BDKJ-Bundespräsident, anlässlich des Todes des Papstes)

Er ist auch ein großer Anwalt der Menschenrechte. So verdanken wir diesem Papst auch einen Beitrag zur Überwindung der Spaltung Deutschlands in zwei Staaten.

(15. 5. 2000, Karl Lehmann, Vorsitzender der Deutschen Bischofskonferenz, in einem dpa-Interview)

Ich bin nicht poetisch genug, um zu beschreiben, wie es ist in seiner Gegenwart.

(23. 7. 2001, US-Präsident George W. Bush nach einer Audienz beim Papst in dessen Sommerresidenz Castel Gandolfo)

Bei seinen über 100 Auslandsreisen wie bei Begegnungen im kleinen Kreis, die auch mir sehr wertvoll geworden sind, spürte eigentlich jeder: Hier begegne ich einem Menschen, der aus der Ruhe eines tief verwurzelten Glaubens mit hoher Sensibilität für seine Mitmenschen lebt: der sich einfühlen kann, der mitleiden kann und der darüber hinaus in seiner Lebensfreude Wegweiser und Mutmacher ist. Das haben interessanterweise besonders viele junge Menschen umso stärker empfunden, je älter und gebrechlicher der Papst wurde.

Die Begeisterung bei den Weltjugendtagen ist ein deutlicher Beleg dafür.

(Dr. Franz-Josef Bode, Bischof von Osnabrück, Vorsitzender der Jugendkommission der DBK, zum Tod des Heiligen Vaters)

Er hat schon etwas Respektables, was auch bei mir als evangelischem Christen Eindruck macht.

(6. 6. 2003, Manfred Kock, damaliger Ratsvorsitzender der Evangelischen Kirche in Deutschland (EKD), in einer Fernsehsendung)

Ich wünsche Dir, dass die Polen nicht nur stolz auf Dich sind, sondern auch anfangen, das Leben zu führen, von dem Du sprichst.

(Benediktinerpater Leon Knabit)

Es war bewundernswert, wie es Johannes Paul II. verstand, auch im hohen Alter noch mit der Jugend im Gespräch zu sein und sie zu ermutigen, ein Leben in Verantwortung und Freiheit zu wagen.

(Horst Köhler, deutscher Bundespräsident, in seinem Nachruf auf den Heiligen Vater)

Dass der diesjährige Weltjugendtag in Köln im August ohne ihn stattfinden wird, ist für die Organisatoren, die Bürger in NRW und alle Katholiken traurig und schmerzlich.

(Fritz Pleitgen, Intendant des Westdeutschen Rundfunks, nach dem Tod des Papstes)

Seine Authentizität, seine ehrlichen Worte und sein Charisma haben die Jugendlichen auf der ganzen Welt begeistert. Er sprach mit und nicht über die Jugendlichen, das schaffte eine besondere Nähe.

(Andrea Hoffmeier, BDKJ-Bundesvorsitzende, zum Tod Johannes Paul II.)

Ich schäme mich direkt, in welchen Klamotten er herumläuft! Und sein alter Hut, sein abgetragener

Mantel, seine ausgebesserten Hemden! Er muss sich wenigstens in Rom neu einkleiden, wenn er es schon hier nicht tut. Was sollen die Leute denn denken? Dass wir in Polen nicht auf unseren Kardinal Acht geben?

(Sein Chauffeur, als Kardinal Wojtyla nach dem Tod von Papst Paul VI. nach Rom zum Konklave fährt)

Ein Kämpfer für die Freiheit der Menschen

(George Bush nach dem Tod des Papstes)

Eine Quelle der Inspiration!

(Tony Blair anlässlich des Todestages des Heiligen Vaters)

Kein anderer Weltführer feierte derartige Triumphe unter freiem Himmel und vor solch dramatischer Kulisse.

(Ein Papst-Biograf anlässlich eines Mongolei-Besuches des Papstes)

Wir sind dem Papst für seinen Einsatz gegen jede

Form von Diktatur, Gewalt und moralischem Niedergang dankbar.

(Silvio Berlusconi am Grab Johannes Paul II.)

Lolek war ein ganz besonderer Typ.
Der Beste in der Schule, am Theater, der Beste bei allem.
Wenn er zu General Motors gegangen wäre, wäre er dort sicher Präsident geworden.

(Jerzy Kluger, Kindheitsfreund von Karol Wojtyla, über den späteren Papst Johannes Paul II.)

Kein Papst bemühte sich mehr, als ganz normaler Mensch zu erscheinen.

(Ein Biograf)

Der humorvolle Papst

Anekdoten von und über ihn

Ein Wiener Journalist hat eine Biografie über den Papst geschrieben. Die 2. aktualisierte Auflage ist fast fertig, als die erste Enzyklika „Redemptor hominis" von Johannes Paul II. erscheint. Der Text soll unbedingt in das neue Buch eingearbeitet werden, muss aber aufgrund der bereits festgelegten Seiten-anzahl stark gekürzt werden. Als der Autor dem Heiligen Vater sein Werk überreicht, beichtet er diesem das „Malheur".

Der Papst murmelt ein scheinbar unbeeindrucktes „schön, schön", kritzelt dem Journalisten als Wid-mung aber lediglich ein winziges „JP II" in sein Buch und erklärt: „Mehr geht leider nicht, ist ja gekürzt."

Nach einer Messe mit polnischen Pilgern wird der neue Papst von einer alten Bekannten gefragt, wie denn das Leben in Rom so sei und wie es ihm in seiner neuen Heimat gehe. Darauf Wojtyla: „Es ist nicht leicht, aber ich lasse mich nicht unterkriegen. Es gibt Ärgeres auf der Welt als den Vatikan: den Kreml zum Beispiel."

Auf einer Reise nach Krakau trifft der Papst auf seine ehemalige Schulkameradin, die nunmehr berühmte Schauspielerin Halina Królikiewicz-Kwiatkowska. Als sie ihm zu seiner Ernennung zum Kardinal von

Rom gratulieren möchte, beginnt sie mit den Worten: „Eminenz, ich möchte Ihnen ..." Karol Wojtyla unterbricht sie sofort: „Halina, sei nicht blöd und hör auf zu schauspielern. Für dich bin ich keine Eminenz und wir sind hier nicht auf der Bühne!"

Nach seinem Besuch in Kenia ist Johannes Paul II. von diesem Land schwer beeindruckt, von dem herzlichen Empfang, der andersartigen Kultur, dem bunten Treiben, der prachtvollen Landschaft.
Sehr diplomatisch und durch die Blume nimmt er die vatikanische Bürokratie aufs Korn: „Ich habe hier mehr erfahren als in einem ganzen Jahr im Vatikan!"

Im Castel Gandolfo, seiner Sommer-Residenz, lässt sich der neue Papst – auf Anraten der Ärzte – einen Swimming-Pool bauen. Viele halten dieses Vorhaben für reichlich exaltiert und unschicklich (der Papst in Badehose!) und geben Wojtyla zu bedenken, wie viel so ein Projekt kostet. Johannes Paul II. stets auf Bewegung und seine Gesundheit bedacht, nimmt´s gelassen: „Ein neues Konklave würde mehr kosten!"

Der Papst ist von seiner Afrika-Reise wieder zurück im verhältnismäßig kühlen Rom.
Nach dem traditionellen Angelus, zu dem sich zirka

3000 Menschen getroffen haben, verabschiedet sich der sonnengebräunte Papst von den Gläubigen: „Wenn ihr wissen wollt, was ein wirklich heißes Land ist, dann solltet ihr nach Afrika fahren. Dann erst werdet ihr wissen, was echte Hitze ist. Gott sei Dank bin ich wieder hier, Gott sei Dank war ich in Afrika und Gott sei Dank habt ihr euch wieder vor diesem Fenster versammelt! Ciao, Ciao!"

Bei seiner USA-Reise soll der Papst unter anderem in Philadelphia eine Messe für 9000 Priester und 2000 Ordensschwestern feiern.
Als er zu predigen beginnen möchte, funktionieren die Mikrofone nicht. Nur ein paar Wortfetzen sind zu verstehen, dann nichts mehr.
Der Papst klopft auf das Mikrofon – nichts tut sich. Amüsiert meint er: „Endlich einmal etwas, was in Amerika *nicht* funktioniert!"

Französische Jugendliche haben sich in einem Pariser Stadion versammelt, um mit Johannes Paul II. die Messe zu feiern.
Gemeinsam singen alle lautstark das „Ave Maria". Im Anschluss daran meint der Papst verwundert, dass die Worte auf Polnisch und Französisch sehr ähnlich klängen. Ein französischer Bischof erklärt ihm, dass die Jugendlichen das Lied eigentlich auf Polnisch ge-

sungen hätten, aber vermutlich der französische Akzent sehr stark durchgeklungen ist.

Der Papst schmunzelt und wendet sich via Mikrofon an die Jugend: „Ihr müsst Latein lernen, basta, dann gibt es keine Missverständnisse mehr!"

In Washington lässt sich der Papst auf ein Schreiduell mit Studenten der katholischen Universität ein. Wer kann am lautesten schreien? Die Studenten brüllen immer wieder: „Wir lieben Sie!"

Der Papst ruft zurück: „Ich liebe euch, ich liebe euch, ich liebe euch noch mehr – und ich gewinne, weil ich hab das Mikrofon!"

Während eines Afrikabesuchs überreichen zwei Kinder dem Papst eine kostbare geschnitzte Elfenbeinfigur. Der Heilige Vater ist sichtlich gerührt, gibt aber zu bedenken: „Denkt nur, der arme Elefant muss jetzt mit nur einem Zahn durch den Busch laufen!"

Staatsbankett in Schloss Augustusburg.

Nach einer fast 30-minütigen Ansprache beschließt Johannes Paul seinen Vortrag: „Am Ende meiner kurzen Rede ..."

Der Papst stutzt und fährt dann lachend fort: „Am Ende meiner vielleicht gar nicht so kurzen Rede ..."

Ebenso in Afrika. Nach der „Affäre Elfenbein" (siehe oben) erzählt der Papst jemandem aus seinem Tross: „Mir ist gesagt worden, dass es hier im Busch eine Menge Elefanten geben soll. Das glaube ich aber erst, wenn ich selber einen gesehen habe – und zwar einen lebendigen!"

Bei seinem Besuch in Porto Alegre, Brasilien, wird dem Papst die Ehrenbürgerschaft der Stadt verliehen. Der Papst nimmt diese Auszeichnung dankbar an, liest sich die Urkunde sorgfältig durch und fragt dann zur allgemeinen Belustigung: „Muss ich ab jetzt auch Steuern zahlen?"

Nach seiner Rückkehr aus Brasilien ist der Papst bei seinem ersten „Angelus" recht aufgekratzt und gesprächig.
Den Gläubigen, die sich zum Gebet versammelt haben, erzählt er: „Ich muss gestehen, ich fühle mich ein bisschen fremd in Rom. Ich war wohl zu lange fort. Ausserdem muss ich sagen, dass die Hitze in Rom doch viel erträglicher ist als in Manaus."
Die Menge ist begeistert von den Anekdoten des Papstes und bekräftigt ihn durch lautstarkes Gejubel mit seinen Erzählungen fortzufahren.
Das tut er gerne: „In Manaus ist es jetzt fünf Uhr früh. Ich schlage vor, dass wir jetzt gemeinsam den

Morgen-Angelus für Manaus beten und dann den Mittags-Angelus für Rom. Seid ihr einverstanden?"

Auf dem Münsterplatz in Bonn versammeln sich zahlreiche Katholiken, um mit dem Papst zu beten. Gemeinsam rufen sie dem Heiligen Vater zu: „Johannes Paul der Zweite, wir stehen an deiner Seite!" Darauf der Papst: „Auf welcher? Rechts oder links?"

1980 bricht der Papst zu einer Reise nach Deutschland auf. Als er nach seiner Landung in Köln den deutschen Boden geküsst hat, ruft ihm die Menge der auf dem Flughafen versammelten Gläubigen zu: „Amo te!" (Ich liebe dich!)
Johannes Paul winkt seinen Fans lächelnd zu und ruft zurück: „Ich hoffe, dass ihr ein bisschen mehr Latein könnt als diese zwei Worte!"

Bei seinem Deutschland-Besuch meinen Kritiker, dass Johannes Paul zu wenig Zeit für Treffen mit den protestantischen Gläubigen eingeplant habe.
Der Papst schlägt vor: „Ich könnte in Mainz zwei Stunden früher aufstehen, um länger mit ihnen zu sprechen." Nach einer Pause fügt er nachdenklich hinzu: „Ich bin mir aber gar nicht sicher, ob meine Gesprächspartner auch so früh aufstehen wollen ..."

Bei seinem Deutschland-Besuch übernachtet der Heilige Vater unter anderem auch im Mainzer Bischofssitz.

Einige hundert Jugendliche wissen das und singen am späten Abend so lange vor seinem Fenster, bis sich der erschöpfte Papst geschlagen gibt und sich noch einmal seinen Anhängern zeigt.

Inständig bittet er sie: „Wenn ihr mich wirklich liebt, dann geht jetzt ins Bett!"

Mitten in einer Diözesan-Konferenz steht ein Priester unvermittelt auf und verabschiedet sich mit den Worten: „Ich habe noch zu arbeiten!" Daraufhin der sonst eher zurückhaltende Papst sarkastisch: „Und was glauben Sie, was wir hier die ganze Zeit tun?"

Kurze Inlandsflüge fliegt Johannes Paul bei seinem Deutschland-Besuch mit dem Hubschrauber des Bundesgrenzschutzes.

Nach seinem letzten Flug möchte er sich beim Piloten bedanken. Er schüttelt ihm die Hand und sagt: „Großen Dank!"

Gleich korrigiert er sich: „Ach nein, das heißt ja vielen Dank. Vielen Dank für alle Fahrten." Wieder korrigiert sich der recht fließend Deutsch sprechende Wojtyla und ergänzt schmunzelnd: „Für die Himmelfahrten."

In seinem Heimatland Polen wird Wojtyla, der unterwegs zu einer Schitour ist, von einem Bauern in seinem Pferdeschlitten mitgenommen. Sie kommen ins Gespräch, bald stellt sich heraus, dass es sich bei dem Fahrgast um den (damaligen) Bischof von Krakau handelt. Als Wojtyla absteigt und seine Schi schultert, schüttelt der Bauer den Kopf. Der zukünftige Papst sieht das und fragt: „Was ist los?"

„Ich hätte nie gedacht, dass der Bischof von Krakau tatsächlich Schi fährt", meint der Bauer verwundert.

Wojtyla lacht und antwortet: „Kennst du nicht das Wort der Bibel: Selig sind jene, die nicht sehen und doch glauben!"

Manchmal ist es notwendig, zu viel zu tun.

(Der Papst kommt seufzend zu diesem Entschluss, nachdem er meinte, er reise zu viel)

Ich weiß nicht, ob ich mich in eurer ... äh, in unserer Sprache gut ausdrücken kann. Wenn ich Fehler mache, korrigiert mich!

(Eine Stunde nach der Wahl Karol Wojtylas zum neuen Papst zu den Gläubigen auf dem Petersplatz – mit diesem Spruch sichert er sich einen Platz im Herzen der Italiener)

Es regnet, aber ihr seid geduldig genug, mich anzu-hören! Ich möchte euch etwas sagen: Macht weiter, bei gutem wie bei schlechtem Wetter. Auch euer Leben wird immer ein Wechsel von Sonne und Regen sein.

(St. Denis, Paris, zu etwa 60000 Menschen unter ihren Regenschirmen, die sich bei schlechtem Wetter vor der Basilika versammelt haben)

Mit Gruß und Kuss – ich steige in den Bus!

(Der Papst verabschiedet sich sichtlich gut gelaunt und aus dem Stegreif deutsche Verse reimend von den Gläu-bigen in Osnabrück, um nach Mainz weiterzureisen)

Ja, jetzt bin ich also wieder zu Hause. Das ist seltsam. Was ist eigentlich dieses Rom?

(Der Papst nach seiner 12-tägigen Brasilien-Reise)

Zu teuer, zu sehr auf Medien-Wirkung abgestellt seien seine Trips, manchmal gar nur Spektakel. Doch das kontert der Pole selbstbewusst.
„Hast du gelesen, was Jesus gesagt hat?", beschied er einem Kritiker schon vor Jahren. „Geht und verkündet

das Evangelium in der ganzen Welt. Und daher gehe ich um die ganze Welt."

Ich fühle mich wie der heilige Paulus – zum Reisen gezwungen!

(Der Papst erklärt seine zahlreichen Auslandsaufenthalte)

Ich wäre bereit ..., sogar mit dem Teufel zu reden, wenn es um die Wahrheit, die Religion und die Menschenrechte geht.

(Ob dieses Zitat tatsächlich so aus dem Mund Johannes Paul II. kam, ist fraglich. Die Legende schreibt es ihm aber zu ...)

Unermüdlich?
Nein, ausruhen kann ich mich genug im Jenseits.

Nach einem Treffen mit Journalisten ist es in dem Veranstaltungssaal recht laut geworden – Stimmgewirr, Stühlerücken, großes Hallo und Händeschütteln. Doch Johannes Paul II. ist noch nicht fertig. Er formt seine Hände zu einem Schalltrichter um den Mund

und ruft in die Menge: „Einen Augenblick noch, ich
erteile euch jetzt noch den Segen!"

Auch wenn der Papst von Natur aus eher nachgiebig
ist, muss er streng sein, wenn es um Prinzipien geht.

(6. 3. 1994, Rom)

Ihr seht, der Papst hat seinen Einfluss nicht ganz
verloren ...

*(Der Papst, als nach tagelangem Regen während seiner
Deutschland-Tour endlich wieder einmal die Sonne
scheint)*

Jetzt habt ihr wohl genug von diesem Papst und
möchtet ihn am liebsten loswerden ...

*(Johannes Paul II. verabschiedet sich von den Journalis-
ten, die ihn auf seiner 12-tägigen Brasilien-Reise begleitet haben)*

Der „Medien-Papst" hat bereits sein erstes Treffen mit
Journalisten zu einer im Vatikan gänzlich unbekannten Pressekonferenz umfunktioniert.

Ein Kurien-Kardinal ist entsetzt und meint zu seinem neuen Vorgesetzten, dass er so etwas in Zukunft zu unterlassen habe, das sei gefährlich und mit der Würde des Papstes nicht vereinbar.
Wojtyla ist unbeeindruckt: „Sind Sie der Papst – oder ich?"

Der neue Papst ist ziemlich sportlich, das weiß im Vatikan bald jeder. Doch als ihn einmal ein altgedienter und etwas fülliger Monsignore dabei ertappt, wie er seine Soutane zusammenrafft und zwei Stufen auf einmal nimmt, stellt dieser ihn zur Rede, ob diese Gehweise nicht gegen die päpstliche Würde verstoße. Darauf Johannes Paul lächelnd: „*Ich* habe ein bisschen Bewegung nötig – und ich glaube, *Sie* auch!"

Wojtyla ist zum Papst gwählt worden. Einer seiner ersten Wege als neuer Pontifex maximus führt ihn ins Krankenhaus, wo er seinen kranken polnischen Freund, Bischof Andreas Deskur, besucht.
Der Ausflug des Papstes ist bald stadtbekannt, innerhalb kürzester Zeit versammeln sich tausende Schaulustige vor der Klinik, um einen Blick auf den neuen Papst zu erhaschen.
Über die Lautsprecheranlage des Krankenhauses wendet sich Wojtyla an die Menge: „Ich danke allen,

die mich begrüßt, und auch denjenigen, die mich in dem Gedränge verteidigt haben. Denn wegen des Übermaßes an Zuneigung wäre ich fast Gefahr gelaufen, selber in diesem Krankenhaus zu bleiben."
Er möchte sich verabschieden, doch er hat etwas vergessen. Die Menge erinnert ihn: „Der Segen! Der Segen, Heiliger Vater!"
Johannes Paul lacht: „Verzeiht mir, ich muss den Job noch lernen!" – Und tut, worum er gebeten.

Seine Generalaudienzen nützt Johannes Paul II. auch immer zu einem direkten Kontakt mit den Gläubigen. So reicht er auch einer Amerikanerin die Hand, die gleich darauf überglücklich und ohne Punkt und Komma zu reden beginnt: sie sei früher bei einer protestantischen Sekte gewesen, sei dann aber ausgetreten und zum Katholizismus konvertiert und wie glücklich sie darüber sei. Die katholische Kirche sei viel besser und hätte nur Vorteile etc., etc., etc.
Der Papst hört geduldig zu, als aber die Dame kein Ende finden will, meint er: „Gnädige Frau, mich müssen Sie nicht überzeugen, ich bin ja katholisch!"

Tausende polnische Pilger sind nach Rom ge-kommen, um „ihrem" Papst zu gratulieren. Sie um-ringen und bejubeln Johannes Paul, das Fest scheint kein Ende nehmen zu wollen. Schließlich muss der

Papst ein Machtwort sprechen: „Liebe Leute, nun lasst mich doch endlich gehen! Ich muss auch noch für andere den Papst machen, das ist mein Job!"

Der neue Papst ist in jeder Hinsicht ungewöhnlich. Hatten frühere Päpste beim Angelus lediglich ein paar Minuten zu den Gläubigen auf dem Petersplatz gesprochen, hält Johannes Paul gleich 15-minütige Ansprachen. Selbst nach Gebet und Segen mag er gar nicht aufhören zu reden: „Wartet, wartet, ich bin noch nicht fertig. Nein, ich bin nicht fertig und ich will auch gar nicht aufhören, mit euch zu sprechen! Das müsst ihr wissen. Das brauche ich. Ich brauche euch!"

Johannes Paul besucht während seines USA-Aufenthaltes auch die UNO und deren seinerzeitigen Generalsekretär Kurt Waldheim. Dabei werden ihm auch einige Mitarbeiter vorgestellt. „Ich sehe, dass bei Ihnen viele Frauen arbeiten!"
Waldheim antwortet: „Es ist ein gutes Zeichen, dass wir mehr Frauen als Männer haben, finden Sie nicht?"
„Ja, es ist gut für den Frieden."
Auf dem Weg zum Versammlungssaal erkundigt sich Johannes Paul noch nach der genauen Zahl der hier angestellten Frauen und ist von der Antwort sichtlich beeindruckt. „So viele?", staunt der Papst und fügt

hinzu: „Und so viele hübsche, soweit ich das sehen konnte!"

„Werden Sie – so wie früher – auch als Papst Schi fahren?"
„Ich weiss nicht, ob man mir das erlauben wird ..."
„Fühlen Sie sich denn als Gefangener im Vatikan?"
„Wenn's so bleibt, dann geht's!"

Wojtyla wird von einem Journalisten gefragt, ob es sich denn überhaupt für einen Kardinal schicke, Schi zu fahren.
Daraufhin der zukünftige Papst: „Es schickt sich nicht für einen Kardinal, es nicht gut zu können!"

Der Papst ist keiner, der lange still sitzen kann. Er ist in seiner Sommerresidenz, hat Zeit und soll sich erholen. Doch schon bald, beginnt er unruhig umherzuwandern. Einem Monsignore und seinem Sekretär schlägt er vor, gemeinsam Volleyball zu spielen.
Bald haben sie eine Schnur als Netz zwischen zwei Bäume gespannt, das Einzige was nun noch fehlt, ist der Ball. Sie überlegen, wie sie einen auftreiben können. „Kinder haben immer Bälle!", meint Johannes Paul und läuft zur Wohnung des Wächters

der Sommerresidenz, der dort mit seiner Familie lebt.
„Könntest du mir deinen Ball borgen?", fragt Wojtyla
den 8-jährigen Sohn des Hauses. „Weißt du, auch ein
Papst will spielen!"

Witze

Was hat der sowjetische Parteichef Breschnjew gesagt, als er hörte, dass der Papst Polen besuchen wird?
Proletarier aller Länder vereinigt euch – um Gottes willen.

Der polnische Parteichef Gierek ist vom Papstbesuch beeindruckt: „Also eines muss man der Kirche lassen, sie versteht es, Menschenmassen zu mobilisieren! Könnten Sie uns nicht ein paar Tipps geben, wie man so etwas macht?"
Johannes Paul überlegt eine Weile und hat dann eine Idee: „Man kann zwar nicht einfach die kirchlichen Bedingungen auf den polnischen Staat übertragen, aber ich wüsste schon, wie man vor das Zentral-komitee in der Nowy-Swiat tausende Menschen locken könnte ..."
Gierek wird ganz nervös: „Ja, so verraten Sie mir doch wie!"
„Ganz einfach. Bringen Sie ein Schild an mit der Aufschrift: Rindfleisch zu verkaufen – zum halben Preis!"

In seinen wiederholten Gesprächen mit dem pol-

nischen Parteichef Gierek fordert Johannes Paul stets explizit , dass in Polen auch das Recht der Andersdenkenden respektiert werden müsse.
„Aber das tun wir doch", meint Gierek, „aber es macht hier niemand Gebrauch davon! Es will in diesem Land einfach keiner zugeben, dass er Atheist ist!"

Scherzfrage anno 1978:
Woran erkennt man, dass Polen eine Weltmacht ist?
Dass wir Brzezinski als Sicherheitsberater im Weißen Haus, den Polen Begin als Premier in Israel und den Papst im Vatikan haben – aber dafür kein Fleisch zu Hause.

Jesus sucht um Audienz bei Papst Johannes Paul II. an.
„Ich möchte gerne wissen, wie du dir das mit den Scheidungen vorstellst, möchtest du daran in Zukunft irgendetwas ändern?"
„Solange ich Papst bin, wird diese Kirche niemals in Scheidungen einwilligen!", antwortet Johannes Paul.
„Und wie steht´s mit dem Zölibat?"
„Solange ich Papst bin, bleibt in diesem Punkt alles so, wie es ist!"
„Und sollen Frauen in Zukunft zu Priesterinnen geweiht werden?", möchte Jesus wissen.
„Solange ich Papst bin: nein, niemals!"

111

„Gut", sagt Jesus, „ich bin mit deiner Arbeit sehr zufrieden!"

Nun hat der Papst auch noch eine Frage an seinen Herrn: „Jesus, sage mir, besteht die Chance, dass noch einmal ein Pole Papst werden wird?"

„Solange ich Gottes Sohn bin – nein, niemals!"

Gedichte

Die Poesie des Karol Wojtyla

Der Boden

An diesem Ort berühren unsere Füße den Boden,
auf dem so viele Wände und Säulen entstanden ...
Verirrst du dich hier nicht,
und findest Einheit und Sinn –
dann ist es, weil Er dich leitet.
Er vereint nicht nur die Räume eines Renaissance-
Gebäudes, auch die Räume in uns,
die wir kundig unserer Schwächen und Niederlagen
wandeln.
Du bist Petrus.
Du willst hier der Boden sein,
damit andere auf dir wandeln
(sie gehen voran und wissen nicht wohin),
um zu gelangen,
wohin du ihre Schritte leitest,
damit die Räume sich vereinen auf einen Blick,
der die Gedanken ans Licht bringt.
Du willst der sein, der die Füße trägt –
wie ein Fels die Hufe der Schafe:
Fels ist auch der Boden eines riesigen Tempels.
Weide des Kreuzes.

(Aus „Kirche: Die Pastoren und die Quellen", 1962)

Materie

Hör zu, das Schlagen der Hämmer im Takt, wohl bekannt,
übertrage ich auf die Menschen, um die Kraft der Schläge zu prüfen –
hör zu, ein elektrischer Strom spaltet den steinernen Fluss –
ein Gedanke kommt in mir auf und wächst Tag um Tag,
dass sich die Größe der Arbeit ganz im Innern des Menschen befindet.

Hart und schwielig fasst die Hand den Hammer in mancherlei Weise und schwillt,
in mancherlei Weise entfaltet sich des Menschen Denken im Stein –
löst du die Energie des Menschen von den Kräften des Steins
und an rechter Stelle zertrennst du die blutvolle Ader.

Sie zu, man kann lieben auf dem Grunde der Wut,
die im menschlichen Atem überquillt wie ein vor dem Winde schwellender Fluss,
doch keine Stimme findet und nur die hohe Saite bricht – die Vorübergehenden verschwinden in den Toren – jemand sagt leise: „Und doch ist es eine gewaltige Kraft!"

Fürchte dich nicht. Menschliches Tun braucht weite Ufer.

Es lässt sich nicht lange in enge Flussbetten zwängen.
Fürchte dich nicht. Menschliche Taten währen Jahrhunderte in Ihm,
zu dem du aufschaust beim Schlagen der Hämmer im Takt.

Die steinernen Blöcke sind durch ein Niederspannungskabel verbunden,
das wie eine unsichtbare Peitsche tief hineinschneidet
– die Steine kennen diese Gewalt,
wenn die unfassbare Wucht ihre dichte Vollkommenheit spaltet,
die sie plötzlich der ewigen Einfachheit entblößt
– die Steine kennen diese Gewalt.

Doch ist es nicht der elektrische Strom, der die Gesamtheit der Kräfte löst,
sondern er, der sie in seinen Händen hält:
der Arbeiter.

Hände sind die Landschaft des Herzens.
Hände reißen sich oft auf wie Abgründe, in denen sich unbestimmte Urstoffe wälzen.
Dieselben Hände, die der Mensch eben dann öffnet,
wenn sie schon satt sind von Mühe –
und er sieht, dass nur seinetwegen die anderen in Ruhe ziehen.
Hände sind eine Landschaft.
Reißen sie sich auf, dann steigt aus Wunden der

Schmerz des Leibes empor und fließt frei fort wie ein Bach.
Dennoch denkt an den Schmerz nicht der Mensch.
Schmerz ist die Größe noch nicht,
seine wahre Größe kann er einfach nicht nennen.

Nicht nur die Hände fallen herab durch des Hammers Gewicht,
es spannt sich nicht nur der Rumpf,
und die Muskeln zeichnen sich ab –
durch die Arbeit gehen vielmehr seine tiefsten Gedanken und legen sich in Falten auf der Stirn
und sammeln sich oben über dem Kopf im spitzen
Winkel der Arme und Adern.

Werden sie so einen Augenblick lang zum Schnitt
eines gothischen Bauwerks,
das längst durchquert wird vom Senkblei,
aus Gedanken und Augen entsprungen –
Nicht bloß ein Profil!
Nicht nur eine Gestalt zwischen Stein und Gott,
zur Größe und zum Irren verurteilt!

(Aus „Der Steinbruch", 1956. Erstmals veröffentlicht 1957 in der Zeitschrift „Znak" unter dem Pseudonym Andrzej Jawien. Wojtyla musste 1940 in einem Steinbruch und später in einer Chemiefabrik arbeiten, um der Deportation und Zwangsarbeit in Deutschland zu entgehen.)

Invokation des Menschen, der zum Leib der Geschichte geworden ist

Ich rufe dich an, oh Mensch, ich suche dich – in dir kann die Geschichte der Menschheit ihren Leib finden.

Ich geh auf dich zu und sage nicht „sei da", sondern einfach „sei",

sei da, wo in den Dingen keine Spur mehr verbleibt, doch der Mensch einmal war,

wo in Seele und Herz Wunsch, Leid und Wille waren, von Leidenschaft verzehrt und in heiliger Scham entbrannt –

sei ein ewiger Seismograph, doch für unsichtbare Wirklichkeiten.

Mensch, in dem sich Boden und Gipfel der Menschheit begegnen,
in dessen Inneren keine Schwere noch Dunkel ist, sondern nur Herz.

Mensch, in dem jeder Mensch die tiefgründige Absicht und den Ursprung seiner Taten finden kann: Spiegel von Leben und Tod, auf den Strom der Menschheit gerichtet.

Zu dir, oh Mensch, gelange ich stets über den seichten Fluss der Geschichte, wenn ich auf jedes Herz, auf jeden Gedanke zugehe
(die Geschichte – Andrang von Gedanken und Tod der Herzen).

Ich suche deinen Leib durch die ganze Geschichte hindurch, suche deine Tiefe.

(Aus „Osterwache", 1966)

Der Schauspieler

Viele sind um mich herum gewachsen,
auch durch mich, ja irgendwie aus mir heraus.
Zum Flussbett bin ich geworden,
in ihm strömt eine Kraft
– die Mensch heißt.
Aber bin auch ich ein Mensch,
hat mich der anderen Andrang nicht auch verdreht?

Bin ich ein jeder von ihnen geworden, unvollkommen, weil ich stets zu sehr ich selbst geblieben bin –
Kann das, was sich von mir gerettet hat,
sich selbst erschauen ohne Furcht?

(Aus „Profile des Kyrenäers", 1957)

Hoffnung, die über das Ende geht

Rechtzeitig erhebt sich eine Hoffnung an allen Orten,
die dem Tode verfallen sind –
Hoffnung ist das Gegengewicht,
in ihr enthüllt die sterbende Welt von Neuem das
Leben.

Auf den Straßen schneiden Passanten in kurzer Joppe,
mit Mähnen bis in den Nacken,
mit der Klinge ihrer Schritte
den Raum des großen Geheimnisses,
der sich in jedem zwischen Tod und Hoffnung
erstreckt:
ein Raum, der emporläuft wie ein Stein von Sonnen-
licht, fortgewälzt vom Eingang des Grabes.

Du bist in diesem Raum das vollkommenste Maß der
Welt;
daher habe ich einen Sinn, und in das Grab gleiten,
in den Tod wandern –
zerfallen im Staube unwiederbringlicher Atome –
ist mir ein Teil deines Osterns.

Ich bin ein Vorübergehender auf dem schmalen
Gehsteig der Erde,
in der Mitte fahren Wagen, starten Weltraumrake-
ten ...

Überall bewegt sich alles im Kreise herum
(der Mensch ... einziger Weltsplitter, der sich anders
bewegt ...)
Doch die Bewegung dringt nicht in den unsterblichen
Kern,
sie befreit nicht vom Tod –
(der Mensch ... einziger Weltsplitter, der sich anders
bewegt ...)
Ich bin ein Vorübergehender auf dem schmalen
Gehsteig der Erde,
meine Gedanken wende ich von deinem Antlitz nicht,
das mir die Welt nicht enthüllt.

Der Tod ist dennoch eine Erfahrung des Endes
und hat ein Vernichtendes in sich –
ihm entreiße ich durch Hoffnung mein „Ich",
es muss sein,
um so der Vernichtung zu entgehen ...
Dann erheben sich Schreie umher, sie erheben sich
wieder:
„Du bist verrückt, Paul, du bist verrückt!"
– da kämpfe ich gegen mich selbst
und erkämpfe mir die Hoffnung gegen so viele Leute –
die Hoffnung bewahrt in mir
keine Schicht des Gedächtnisses,
Hoffnung erscheint nicht im Spiegel, an dem nichts
vorbeigeht,
nur Dein österlicher Durchzug
bleibt erfasst zur tiefsten Einschreibung meines Seins.

Und so schreibt mich die Hoffnung in Dich ein,
außer Dir kann ich nicht existieren –
hebe ich mein eigenes „Ich" über den Tod hinaus
und entreiße es dem Grund der Vernichtung.
So geschieht es,
weil es in Dir eingeschrieben ist wie im Leib,
der seine Macht über jeden menschlichen Leib entfaltet,
um mein „Ich" zu erneuern und es emporzuheben
vom Boden des Todes
in einer ganz anderen und doch so treuen Gestalt,
wo der Leib meiner Seele und die Seele meines
Leibes sich wieder vereinen,
damit ihr Dasein – bisher auf der Erde gegründet –
sich endgültig anlehnt ans Wort
und jeden Schmerz vergisst, als komme im Herzen
jäher Wind auf,
dem kein Mensch auf Erden widersteht
– weder die Wipfel des Waldes, noch unten die
Wurzeln, die sich spalten.
Sieh da, der Wind, von Deiner Hand getrieben, wird
Stille.

Die Atome des Menschen von einst festigen die frühe
Scholle der Welt, die ich durch mein Ableben
berühre und in mir endgültig zusammenfüge,
um sie in Dein Ostern – in Deinem Durchzug – zu
verwandeln.

(Aus „Meditation über den Tod", 1975)

Kinder

Sie sprießen plötzlich aus Liebe,
dann wandeln sie auf einmal erwachsen Hand in
Hand durch großes Gewühl –
(Herzen wie Vögel gefangen, in die Dämmerung
hineingewachsene Profile).
Ich weiß, dass ihr Herz von der ganzen Menschheit
schlägt.

Hand in Hand sitzen sie still am Ufer.
Ein Baumstamm und Erde im Mondschein:
im unvollendeten Geflüster schimmerndes Dreieck.

Der Nebel ist noch nicht gestiegen.
Kinderherzen hoch über dem Fluss.
Wird es immer so sein – frag ich mich – wann stehen
sie auf und gehen?

Oder auch anders: ein geneigter Lichtkelch unter den
Pflanzen zeigt in jeder einen noch unbekannten
Grund,
werdet ihr das, was in euch angefangen ist, nicht
zerstören?
Werdet ihr immer Gut und Übel trennen können?

(Aus „Profile des Kyrenäers")

Nachträgliche Betrachtung einer Begegnung

Keiner würde sich trauen, so tief in sich selbst zu
schauen – anders ist seine Erkenntnis. Er hob kaum
den Blick. Es war die große Lupe der Erkenntnis – sein
Antlitz leuchtete wie Wasserglanz im Brunnen.

Es war ein Spiegel ... wie in einem Brunnen ...
schimmerte es in der Tiefe.
Er brauchte nicht aus sich herauszutreten, noch die
Augen zu heben, um zu begreifen.
Er sah mich in sich, besaß mich in sich.

Er ging mühelos durch mich hindurch
und erschien in mir durch meine Scham und lange
unterdrückte Gedanken.
Es war, als fühlte er das Pochen meiner Schläfen,
und plötzlich ließ er in mir eine unsägliche Müdigkeit
aufkommen ...
und sorgfältig ...

Die Worte waren einfach. Sie zogen an mir vorbei
wie angelockte Schafe.
Und innen ... in mir zerstoben sie im Neste schlum-
mernde Vögel.
Alles war da, in meiner Sünde und in meinem
Geheimnis.

Sage, es musste schmerzen – es musste schwer sein

(die Woge der Gedanken fällt schwer herab wie ein
Deckel von Metall) –

Du schweigst – doch weiß ich nun schon, auf immer
offen durch Dein Wort – dass ich damals nicht litt im
richtigen Maße in Dir.

Sage ... nun möchte die Liebe jenen Schmerz
zurückhaben ...
ihn Dir abnehmen und sich damit umwickeln wie mit
zartem Band ...

Zu spät, jeder Schmerz, der von Dir wiederkehrt,
verwandelt sich in Liebe unterwegs.

Welche Raschheit! Welche Güte im Erkennen!
Und doch hobest Du nicht einmal dein Auge –
Du sprachst zu mir nur mit den Augen,
die sich im tiefen Schimmer des Brunnens spiegelten.

(Aus „Gesang des glänzenden Wassers", 1950)

Der Melancholiker

Ich wollte ihn nicht nehmen.
Seit langem wiegt sich in mir der Schmerz,
eher sacht zuerst aufgenommen –
wiegt er sich in der Vorstellung und nagt langsam wie

eine Motte,
wie Rost am Eisen frisst.

Ach, aus verborgenem Strom heraus und das Ahnen
ums Leid überwinden!
Das ist das Leben, einfach und groß – seine Tiefe
endet in mir nicht.
Eher herrlich als schmerzhaft ist die Wirklichkeit.
Alles ausgleichen endlich durch eine entschiedene,
reife Geste!

Nicht zurückgehen so oft, sondern weiter voran und
einfach die ganze zarte Struktur,
die so leicht in den Grenzen des Hirns in Aufruhr
gerät,
auf den Gleichtakt der Stunden bringen,
doch ist es eher Müdigkeit als Schmerz an sich.

Und vielleicht mehr mit Ihm sein als nur mit sich
selbst,
mehr mit Ihm sein –
die Drohung der Dinge so weit entfernen,
dass eine einfache Tat genügt.

(Aus „Profile des Kyrenäers")

Der Mensch des Intellekts

Was dem Leben Vielfalt und Anmut nimmt
und Geschmack an großen Abenteuern
und Spontaneität und Atem.

Wie eng sind deine Formeln, Kenntnisse und Ansich-
ten,
sie verdichten Inhalte,
doch bleiben sie zugleich daran arm.

Stoße meine Schranke nicht um,
denn sie ist für alle so nötig.
Jeder Weg der Menschen führt auf das Denken zu.

(Aus „Profile des Kyrenäers")

Der Willensmensch

Ein Augenblick des Willens
farblos und schwer wie ein Kolbenstoß
oder wieder scharf wie ein Peitschenknall,
ein Augenblick,
der überhaupt sich nicht so aufdrängt
außer
nur bei mir –
er reift nicht aus Gefühl heraus wie eine süße Frucht,

entspringt nicht den Gedanken,
schlägt eine Abkürzung ein –

wenn er ankommt,
muss ich ihn heben,
so mache ich es gewöhnlich.

Da gibt es keinen Platz für Herz und Gedanken,
nur den Augenblick,
der ausbricht in mir wie ein Kreuz.

(Aus „Profile des Kyrenäers")

Beschreibung des Menschen

Es gibt dicht verstrickte Gewebe.
Willst du sie lösen, dann merkst Du,
Du müsstest mit ihnen Dich selbst zerreißen.
Deshalb sieh nur zu, verstehe – dringe nicht hart-
näckig ein, damit der Abgrund Dich nicht verschlingt
(es ist nicht der Abgrund des Seins,
nur der Abgrund der Gedanken).

Das Sein verschlingt nicht, es wächst und wird
allmählich zum Geflüster:
Es ist das Denken, mit dem Dasein gesättigt – Du, das
Weltall, Gott.

Umgekehrt fühlst Du, wie alles Dich fasst an den Beinen und das Sein sich beschränkt auf einen Punkt, doch das Denken wie eine Steppe verdorrt.

So arbeite einfach, sei getrost. Und geh nur so weit in Dich ein, dass Du Deines Stolzes gewahr wirst (es ist schon Demut).
Und achte eher auf Deinen Willen.
Von den Gefühlen kommt selten ein gewaltiger Ausbruch, er gelangt nicht bis zu Gott.

(Aus „Profile des Kyrenäers")

Für die Reisegefährten

Suchst Du den Ort,
an dem Jakob mit sich rang,
wandle nicht in arabische Länder,
suche auf Karten nicht den Bach,
Du findest viel näher das Lager.

Lass nur das Licht der Dinge in der Perspektive der Gedanken erscheinen,
durch die dichte Verflechtung der Gedanken und in immer einfacheren Gestalten.

Dann zerfällt das Bild nicht, es wird schwer.

Und sei bereit,
dieses Bild in Dir zu ertragen,
Dich ganz in seinen Inhalt zu verwandeln,
dem Stille und Einsamkeit bekommen,
dem Menschen mögliche Einsamkeit,
deshalb möglich, weil nicht einmal der Tod einen
davon entreißt.

Sind auch unsere Tage voll der gewöhnlichen Taten,
bei denen selbst das Innere der Tat immerfort von der
unzertrennlichen Geste beschattet wird,
besitzen wir doch die Gewissheit,
dass einst jene Geste verfällt,
und von unseren Taten nur das innige Wesen
verbleibt.

(Aus „Gedanke – merkwürdiger Raum")

Der Schizothyme

Es gibt Augenblicke, taub
– werd´ ich den Gedanken noch los, das Herz
entzünden?
Mach nicht Schluss mit mir,
dass Dich mein Zorn nicht bezwingt,
kein Zorn ist es, nein –
ein öder Strand nur.

In solchen Augenblicken erdrückt mich auch die leichteste Bürde.
Ich geh, doch bleib ich stehen,
bin der Bewegung nicht gewahr.
Also denk daran –
Du bleibst nicht stehen, doch in der Stille spannen sich die Kräfte an,
sie finden den Weg, die Kräfte, sie brechen einst aus.

Wiederum also –
nicht mit Gewalt, nicht auf einmal und ganz zerlege die Augenblicke des Herzens, löse den Andrang des Willens.
Im hitzigen Glanz der Pupillen
soll nicht sogleich verbrennen,
was in der Zeit des Stillstands gewachsen.

(Aus „Profile des Kyrenäers")

Zur Erinnerung an einen Arbeitskollegen

Er war nicht allein. Seine Muskeln verzweigten sich in eine zahllose Schar,
solange sie den Hammer hoben und vor Kraft strotzten
– doch das währte nur, solange er den Boden unter den Füßen fühlte, bis ein Stein seine Schläfe zerschmetterte und in seine Herzkammern drang.

Sie hoben seinen Körper hoch, sie zogen still ab.

Aus ihm strömte noch Mühsal hervor und ein Sinn des Unrechts. Sie hatten graue Hemden an, Schuhe kotig bis über die Knöchel.
So legten sie eben ganz und gar an den Tag, was unter den Leuten ein Ende nehmen soll.

Seine Zeit beschloss sich gewaltsam.
Auf den Niederspannungsuhren wurden die Zeiger plötzlich frei und fielen auf null Uhr zurück.
Der weiße Stein drang in ihn,
zerstörte sein Wesen –
es übernahm davon schließlich so viel, dass es zu Stein wurde.

Wer wird jenen Stein heben?
Wer entfaltet aufs Neue die Gedanken in jenen Schläfen, die tief klaffen – wie aufgeplatzter Mauerverputz?
Sie legten ihn rücklings auf ein Leintuch von Schotter.
Es kamen die erschütterte Frau und der Sohn aus der Schule.

Na und? Soll nur sein Zorn auf die anderen übergehen?
Reifte es nicht selbst in ihm in eigener Liebe und Wahrheit?
Sollen künftige Geschlechter ihn als Rohstoff verwen-

den und ihn seines eigenen tiefsten und einzigen Wesens berauben?

Wieder rollen die Steine.
Der Wagen verschwindet in den Blumen.
Tief schlägt der elektrische Strom wieder ein.
Hat doch der Mensch die geheime Struktur der Welt mitgebracht,
wo die Liebe sich noch höher entfacht,
wenn der Zorn sie stärker durchdringt.

(Aus „Steinbruch", 1956)

Die Blinden

Mit weißen Stöcken auf das Pflaster tappend,
schaffen wir den nötigen Abstand.
Jeder Schritt kostet uns Mühe.
In den leeren Pupillen
stirbt immer eine Welt dahin,
die sich selbst nicht gleicht:
eine Welt nicht aus Farben, nein, aus Geräuschen
(Konturen, Geräuschlinien).
Denke, wie schwer es ist, zur Fülle zu reifen,
wenn stets nur ein Teil bleibt –
und wir gerade ihn wählen müssen.

O wie gern würde jeder von uns die ganze Bürde des
Menschen auf sich nehmen,
der ohne weißen Stock im Nu den Raum umfasst!
Wirst Du uns lehren können, dass es andere Übel gibt
außer den unsern?
Wirst du davon uns überzeugen, dass ein Glück in der
Blindheit sein kann?

(Aus „Profile des Kyrenäers")

Zahlen und Fakten

Papst Johannes Paul II.

Der aus Polen stammende Karol Wojtyla war 58 Jahre alt, als er am 16. Oktober 1978 zum 264. Papst gewählt wurde. Er übernahm damit die Nachfolge des nur 33 Tage amtierenden Johannes Paul I.
Johannes Paul II. war der erste Slawe in der Nachfolge Petri und somit der erste Nicht-Italiener auf dem Apostolischen Stuhl seit mehr als viereinhalb Jahrhunderten.

Sprachen

Den traditionellen Ostersegen „Urbi et Orbi" sprach Johannes Paul II. in 62 Sprachen.

Reisen

Auf 104 Auslandsreisen legte der „Marathonmann Gottes" zirka 1,2 Millionen Kilometer zurück. Das entspricht dreimal der Strecke zum Mond bzw. 29 Erdumrundungen. Insgesamt 129-mal küsste er in fremden Ländern den Boden.
Allein in Rom absolvierte Johannes Paul II. in den Kirchengemeinden 301 Pastoralbesuche.

Schriften

Der schreibfreudige Johannes Paul II. verfasste in knapp 27 Jahren Amtszeit 14 Enzykliken, 44 Apostolische Schreiben, hunderte Diskurse – insgesamt dürfte er wohl etwa 80.000 Seiten beschrieben haben.

Selig- und Heiligsprechungen

482 Menschen wurden von Johannes Paul II. heilig gesprochen, u. a. der einstige Kapuzinermönch und Italiens Paradeheilige Padre Pio, die italienische Kinderärztin Gianna Beretta Molla als eine von wenigen verheirateten Frauen (sie gilt als Vorbild der Abtreibungsgegner) sowie der äußerst umstrittene erzkonservative Josemaría Escrivá, Gründer des katholischen Geheimbundes Opus Dei.

Weitere 1338 Glaubensbrüder und -schwestern wurden von Johannes Paul selig gesprochen (mehr als von allen früheren Päpste zusammen). Besonders schnell ging dieser so genannte „Kanonisierungsprozess" bei der von ihm hoch verehrten Mutter Teresa von Kalkutta.

Dieser Prozess darf laut Kirchenrecht eigentlich erst fünf Jahre nach Tod des „Dieners Gottes" eingeleitet werden – Johannes Paul II. war das zu langsam,

Mutter Teresa war bereits 3 Jahre nach ihrem Tod selig gesprochen.

Katholiken

In seiner Amtszeit (1978–2005) hat sich die Zahl der weltweiten Katholiken von 749 Millionen auf 1086 Millionen erhöht. Knapp 50% von ihnen leben in Nord- und Südamerika, fast 26% in Europa, 13,2% in Afrika, 10,4% in Asien, 0,8% in Ozeanien.

Messen

In Manila fand vor 4 Millionen Gläubigen die größte jemals gefeierte Heilige Messe statt.

SMS

Eine Stiftung rief auf, per SMS Glückwünsche an den schwer kranken Kirchenführer zu schicken.
Bereits am ersten Tag der Aktion trafen mehr als 11000 Glückwünsche ein. Unter den Absendern waren Studenten, Ordensleute, Journalisten und Künstler.

Begräbnis

Zu den Trauerfeierlichkeiten des Papstes Johannes Paul II. kamen am 8. April 2005 rund 3,5 Millionen Gläubige nach Rom. Es war eine der größten Totenmessen in der Geschichte des Christentums.

Biografie

Kindheit und Jugend

Karol Wojtyla wurde am 18. Mai 1920 in Wadowice, einer Kleinstadt bei Krakau, als Sohn eines ehemaligen k. u. k. Offiziers geboren, der als Schneider tätig war.

Er wuchs in kleinbürgerlichen, tief religiösen und sehr einfachen Verhältnissen auf. Erste Schicksalsschläge musste Wojtyla früh erleiden: Seine Mutter, Emilia Kaczorowska, starb, als Karol neun Jahre alt war, im Alter von 12 Jahren verlor er zudem seinen Bruder Edmund, der im Jahre 1932 an Scharlach starb.

Ab 1930 besuchte Karol das Gymnasium und spielte ab 1934 bei zahlreichen Theateraufführungen mit – die Schauspielerei blieb stets eine große Leidenschaft. Wojtyla war ein eifriger Schüler und beendete seine Schullaufbahn mit ausgezeichnetem Erfolg.

Im Sommer 1938 übersiedelte er gemeinsam mit dem Vater nach Krakau und begann mit den Studien der Philosophie und Literatur. Drei Jahre später, im Jahre 1941, starb sein Vater.

Auch an der Universität schloss sich Wojtyla einer Theatergruppe an, in der er bis 1943 mitwirkte. Nach dem Ausbruch des Zweiten Weltkrieges wurde die Universität von der deutschen Besatzungsmacht geschlossen und viele bedeutende Professoren wurden verhaftet. Wojtyla wurde zunächst zur Zwangsarbeit in einem Steinbruch, vom Frühjahr 1942 bis August 1944 dann zum Frondienst in einer Chemiefabrik verpflichtet. Der Deportation zur Zwangsarbeit nach Deutschland entging er so knapp.

Sowohl Wadowice als auch Krakau waren Orte, die bis zum Zweiten Weltkrieg sehr stark durch die jüdische Kultur beeinflusst waren. Dieser Umstand prägte bis zuletzt das positive und nahe Verhältnis Karol Wojtylas zum Judentum.
Im Oktober 1942 trat er ins geheime Priesterseminar der Erzdiözese Krakau ein.

Priester und Professor

Am 1. November 1946 empfing Karol Wojtyla heimlich die Priesterweihe von Kardinal Sapieha. In den folgenden zwei Jahren promovierte er auf dessen Ratschlag in Rom über die Theologie und Mystik des heiligen Johannes vom Kreuz. Am 3. Juli 1947 erwarb er ein Lizenziat der Theologie. Im Juni 1948 erhielt er nach Abschluss seiner Dissertation das Doktorat der Philosophie. Ende 1949 promovierte er, nach Polen zurückgekehrt, auch in der Theologie.
In Folge war Wojtyla als Kaplan in Niegowice bei Gdów und später in der Krakauer Studentenkirche

Sankt Florian tätig. Seine unkonventionelle Art und die individuellen Predigten machten ihn zu einer beliebten und wichtigen Instanz für die katholischen Studenten.

Ab 1953 lehrte Wojtyla als Professor für Moraltheologie in Krakau und bekam 1954 einen Lehrauftrag für Philosophie und Sozialethik an der Katholischen Universität von Lublin, wo er 1955 habilitierte.

Bischof und Kardinal

Am 28. September 1958 wurde Wojtyla zum Weihbischof von Krakau geweiht. Er nahm aktiv am Vaticanum teil, wobei sein Hauptaugenmerk dabei auf der Religionsfreiheit lag, die in dem Dokument Dignitatis humanae beschworen wurde. Ebensolche Priorität hatte die zeitgemäße Verkündigung der kirchlichen Lehre, die im Konzilspapier *Gaudium et Spes* gefordert wurde.

Am 13. Januar 1964 wurde Wojtyla Erzbischof von Krakau. Sein dortiges Episkopat war vor allem durch eine „sanfte" Konfrontation mit dem kommunistischen Regime Polens geprägt. Sein Beharren auf dem Bau einer Kirche in der Arbeiterstadt Nowa Huta und seine Predigten, in denen er oft die freie Ausübung der Religion für alle Polen forderte, zeigten ihn als unerschrockenen Antikommunisten.

Drei Jahre später, am 26. Juni 1967, wurde Wojtyla zum Kardinal erhoben.

Anlässlich der kirchlichen Bemühungen um eine deutsch-polnische Aussöhnung besuchte Wojtyla 1974 Deutschland und feierte mit Kardinal Döpfner am 19. September eine Versöhnungsmesse im ehemaligen KZ Dachau. (Später wird er als Papst Johannes Paul II. 48 der in Dachau inhaftierten Priester selig sprechen.)

Pontifikat I

Im Alter von 58 Jahren wurde Karol Wojtyla am 16. Oktober 1978 beim Konklave in der Sixtinischen Kapelle als Nachfolger des am 28. September 1978 verstorbenen Johannes Paul I. zum Papst und Bischof von Rom gewählt. Damit war er der erste nicht-italienische Papst seit Hadrian VI. (* 1459 in Utrecht, heute Niederlande) und gleichzeitig auch der erste slawische Papst der Kirchengeschichte.

Auch galt der neue Papst als besonders sportlicher Gottesmann. Er schwamm sehr gerne – zur körperlichen Ertüchtigung ließ er sich sogar einen päpstlichen Swimming-Pool errichten – und fuhr regelmäßig Ski.

Bereits am 25. Januar 1979 begab sich der Papst auf seine erste Auslandsreise in die Dominikanische Republik, nach Mexiko und auf die Bahamas.

Am 4. März erschien die Antrittsenzyklika „Redemptor hominis", die ihn zu einem „Papst der Menschenrechte" werden ließ. In den ersten Jahren seines Pontifikats standen das Beharren auf der Religionsfreiheit und eine damit verbundene Konfrontation mit den kommunistischen Regimes, vor allem Osteuropas, im Vordergrund. Vom 2. Juni bis 10. Juni 1979 besuchte er zum ersten Mal als Papst sein Heimatland Polen. Wegen der großen Populariät, die Wojtyla bei seinen Landsleuten genoss, konnte die kommunistische Parteiführung einen Papstbesuch in seiner Heimat nicht verhindern.

Weitere Reisen in den Jahren führten ihn nach Zentralafrika und Ostasien, im November 1980 besuchte er erstmals als Papst die Bundesrepublik Deutschland, 1983 erstmals Österreich.

Das Attentat von 1981

Am 13. Mai 1981 verübte Mehmet Ali Ağca, ein türkischer Rechtsradikaler, auf dem Petersplatz in Rom ein Attentat auf Johannes Paul II. Dieser brach schwer verletzt zusammen, drei Kugeln hatten ihn getroffen. In der Gemelli-Klinik wurde er sofort versorgt und konnte knappe drei Wochen später das Spital verlassen. Doch bereits am 20. Juni 1981 wurde er erneut wegen der Schussverletzungen in die

Klinik gebracht und nach einer Operation am 14. August wieder entlassen.

Die Hintermänner des Attentäters wurden beim sowjetischen Geheimdienst KGB vermutet. Doch Genaues weiß man bis heute nicht, da Ağca sich bislang beharrlich über die Hintergründe des Attentats ausschweigt. (Angeblich soll er gar Unterstützung aus dem Vatikan erhalten haben – die Hintergründe zu dieser Behauptung möchte Ağca demnächst in seiner Biografie bekannt geben.) Von offizieller Seite und anhand der bisher aufgetauchten Unterlagen jedenfalls gibt es weder Hinweise auf die Verstrickung der DDR, des bulgarischen Geheimdienstes noch des KGB. Aufsehen erregte der Papst, als er dem Attentäter seine Tat nicht nur bereits auf dem Krankenbett vergab, sondern ihn auch bald nach seiner Genesung im Gefängnis besuchte.

Dass Johannes Paul die Schüsse überlebt hatte, schrieb er dem Schutz der Gottesmutter zu. Der Tag des Attentats fiel nämlich auf den Tag, an dem sich in Fátima die erste Marienerscheinung ereignet hatte. Mit einer Wallfahrt in den portugiesischen Wallfahrtsort dankte er der Jungfrau Maria für ihren segensreichen Beistand. Als Gabe an die Madonna von Fátima brachte er eines der Geschosse, die ihm aus dem Bauch entfernt worden waren, vergoldet und in eine kleine Krone gefasst. Bis heute ist diese Krone mit der Kugel auf dem Kopf der Marienstatue zu bewundern.

Während seiner Dankesreise nach Portugal versuchte am 12. Mai 1982 der ultrakonservative katholische Priester und Anhänger des französischen Bischofs Marcel Lefebvre, Joan Fernandez Krohn, mit einem Bajonett ein weiteres Attentat auf den Papst. Der Anschlag konnte jedoch von den Leibwächtern des Papstes verhindert werden. Seine Tat rechtfertigte der Attentäter mit dem Versuch der „Rettung" der katholischen Kirche vor den Beschlüssen des Zweiten Vatikanischen Konzils.

Pontifikat II

Am 28. Mai 1982 besuchte der Papst erstmals seit der Kirchenspaltung vor 450 Jahren Großbritannien. Er wurde von Queen Elizabeth II. empfangen und besuchte während seines sechstägigen England-Aufenthaltes auch einen ökumenischen Gottesdienst in der Kathedrale von Canterbury.
Weitere Auslandsreisen standen bei Johannes Paul II. quasi an der Tagesordnung: So stattete der Papst u. a. 1987 sowie 1996 nochmals Deutschland einen Besuch ab, Österreich bereiste er erneut in den Jahren 1988 und 1998.
Am 1. Dezember 1989 wurde der damalige Generalsekretär der KPdSU Michail Gorbatschow als Einziger in der Geschichte der Sowjetunion vom Papst im Vatikan empfangen.

Ab den 1990-er Jahren machten diverse Krankheiten und Unfälle dem sonst so agilen und sportlichen Johannes Paul das Leben langsam schwerer: am 15. Juli 1992 wurde Johannes Paul II. ein gutartiger Tumor aus dem Dickdarm entfernt, zwei Jahre später brach er sich bei einem Sturz in seinem Badezimmer den Oberschenkel und trug seitdem ein künstliches Hüftgelenk.

Aber der Gottesmann ließ sich nicht unterkriegen, vielmehr erhielt er eine besondere weltliche Anerkennung. Das US-Magazin „Time" kürte Karol Wojtyla zum „Mann des Jahres 1994" mit der Begründung, er setze sich in besonderer Weise für Werte ein.

Bei seiner Reise auf die Philippinen nahmen am 15. Januar 1995 in Manila vier Millionen Menschen am größten Gottesdienst in der Geschichte der römisch-katholischen Kirche teil. Dieses außerordentliche Ereignis galt als eine der größten Menschenansammlungen, die es je gegeben hatte.

Im März des „Heiligen Jahres 2000" besuchte er die Holocaust-Gedenkstätte Yad Vashem in Israel und betete an der Klagemauer. Diese – sonst den Juden vorbehaltene Geste – erregte weltweit großes Aufsehen.

Als erster Papst betrat Johannes Paul II. am 6. Mai 2001 in Damaskus eine Moschee (Omajjaden-Moschee). Frieden zwischen allen Religionen und Kulturen war sein erklärtes Ziel.

Ein weiteres wichtiges Anliegen war ihm die Rehabilitation Galileo Galileis. Bereits 1979 hatte Johannes Paul die Päpstliche Akademie der Wissenschaften beauftragt, den berühmten Fall aufzuarbeiten. Am 31. Oktober 1992 wurde der Kommissionsbericht übergeben und Johannes Paul II. hielt eine Rede, in der er das Missverständnis zwischen der Kirche und Wissenschaft bedauerte.

Papst Johannes Paul II. hat in seiner Amtszeit 482 Heiligsprechungen vorgenommen. Die Zahl aller von seinen Vorgängern in den letzten 400 Jahren insgesamt heilig gesprochenen Personen ist nur etwa halb so hoch. Vor allem die Heiligsprechung des umstrittenen Opus-Dei-Gründers Josemaria Escrivá führte zu vehementer Kritik auch innerhalb der Kirche.

Am 24. März 2004 wurde dem „Jahrtausend-Papst" in Rom der außerordentliche Karlspreis der Stadt Aachen für seinen Einsatz für Frieden, Freiheit und Demokratie in Europa verliehen. Dies war die erste weltliche Ehrung, die Johannes Paul II. bereit war entgegenzunehmen.

Krankheit und Tod

Der sich laufend verschlechternde Gesundheitszustand des Papstes prägte die letzten Jahre seines

Pontifikats. Insbesondere Lähmungserscheinungen und Schwierigkeiten beim Sprechen, hervorgerufen durch die Parkinson-Krankheit, konnten bei öffentlichen Auftritten beobachtet werden. Auch litt er zunehmend unter den Folgen des Attentats und angeblich an einer schweren Arthritis im rechten Knie als Folge einer Hüftoperation.

Die zunehmenden Gebrechen und die damit einhergehenden Einschränkungen führten schließlich zu Spekulationen über einen vorzeitigen Rücktritt. Diese Möglichkeit galt jedoch als relativ unwahrscheinlich, da in der Geschichte der römisch-katholischen Kirche davon nur äußerst selten Gebrauch gemacht wurde. Johannes Paul II. dementierte derlei Gerüchte auch sofort und mit der Begründung, dass seine Amtszeit allein in Gottes Händen läge. Einen Rücktritt lehnte er somit kategorisch und in tiefstem christlichem Verständnis von seiner Berufung ab.

Anfang 2005 kam es zu einer drastischen Verschlechterung seines Gesundheitszustandes, ein baldiges Ableben Johannes Pauls schien offensichtlich.

Am 1. Februar wurde der Papst wegen einer Kehlkopfentzündung und Atemnot in die Gemelli-Klinik eingeliefert. Kurzzeitig konnte er entlassen werden, doch bereits nach wenigen Tagen erlitt er einen Rückfall. Am 24. Februar wurde ein Luftröhrenschnitt durchgeführt.

Am 13. März kehrte Johannes Paul II. wieder in den

Vatikan zurück, konnte aber erstmals in seiner Amtszeit an den Osterfeierlichkeiten nicht aktiv teilnehmen. Er zeigte sich den Gläubigen lediglich am Fenster seines Arbeitszimmers zur Spende des traditionellen Segens „Urbi et Orbi".

Am 30. März 2005 ließ sich der Papst erneut zum üblichen Mittwochstermin am Fenster seines Zimmers sehen. Dabei erlitt er einen Hustenanfall und hatte offensichtlich Schmerzen. Es war der letzte öffentliche Auftritt des Papstes.

Am nächsten Tag wurde dem Papst die Krankensalbung gespendet.

Nach offiziellen Angaben des Vatikans hatte Johannes Paul II. nach einer Harnwegsinfektion einen septischen Schock erlitten, was zu einem Herzkreislaufkollaps geführt hatte. Es sei ihm jedoch den Umständen entsprechend gut gegangen, am 1. April habe er sogar noch die Eucharistie gefeiert.

Am 2. April 2005 jedoch war sein Leiden zu Ende. Im Alter von 84 Jahren verstarb Papst Johannes Paul II um 21.37 Uhr in seinen Privaträumen im Vatikan. Einen erneuten Krankenhausaufenthalt und medizinische Behandlung hatte er abgelehnt.

Kurz vor seinem Tod hatte er noch seine engsten Mitarbeiter empfangen. Eines seiner letzten Worte schrieb er auf einem Zettel an die ihn umsorgenden Nonnen und Priester seiner polnischen Heimat: „Ich bin heiter, seid ihr es auch!"

Das Begräbnis

Das Sterben und der Tod von Johannes Paul II. wurde von der katholischen Kirche und der Weltöffentlichkeit mit großer Aufmerksamkeit verfolgt.
Begleitet von intensiver Berichterstattung kam es zunächst zu Versammlungen in vielen größeren Metropolen und anschließend zu einer Pilgerbewegung nach Rom, wo am Abend des 4. April der Leichnam aufgebahrt wurde. Bereits einen Tag nach seinem Tod erwies eine halbe Million Menschen dem verstorbenen Papst die letzte Ehre.

Zur Totenmesse am 8. April 2005 auf dem Petersplatz waren 3,5 Millionen Menschen nach Rom gekommen, darunter auch viele polnische Landsleute.
Mehr als 200 Staats- und Regierungschefs aus der ganzen Welt sowie hohe geistliche Vertreter verschiedener Religionen (u. a. der Metropolit von Moskau und der Patriarch der griechisch-orthodoxen Kirche sowie der Papst der koptischen Kirche) wohnten der Zeremonie bei. Die Totenmesse leitete der damalige Dekan des Kardinalskollegiums und heutige Papst Benedikt XVI., Joseph Ratzinger.
In seiner Predigt würdigte er das Leben und das Pontifikat von Karol Wojtyla. Sowohl die Messe als auch das Tragen des Sarges wurden vom tosenden Applaus der Gläubigen und Verehrer des „Jahrtausendpapstes" begleitet. Sprechchöre und Spruch-

bänder zahlreicher Pilger forderten die sofortige Heiligsprechung Johannes Pauls II. („Santo subito!")

Johannes Paul II. wurde unter Ausschluss der Öffentlichkeit unter dem Hauptaltar des Petersdoms beigesetzt. Die gesamte Zeremonie war eine der größten in der Geschichte des Christentums.

Schon lange vor seinem Tod hatte es das Gerücht gegeben, Johannes Paul II. wolle in Polen begraben werden. Selbst von einer Überführung seines Herzens in seine Heimat war die Rede. In seinem Testament vermachte er die Entscheidung über seine Bestattung dem Kardinalskollegium, das sich für die standesgemäße Beisetzung im Petersdom entschied.

Seligsprechung

Nicht nur tausende Gläubige verlangten die sofortige Heiligsprechung Johannes Pauls II., auch viele Kardinäle schlossen sich dieser Forderung an.

Sein Nachfolger, Papst Benedikt XVI., gab bereits am 13. Mai 2005, wenige Wochen nach dem Tod des Papstes, grünes Licht, der Seligsprechungsprozess hat also bereits begonnen. Benedikt XVI. setzte – wie auch schon sein Vorgänger in besonderen Fällen – für diese Entscheidung die kirchenrechtlichen Bestimmungen außer Kraft, nach denen dieser Prozess erst fünf Jahre nach dem Tod des Betreffenden eingeleitet werden kann.